教養としての教養

Cultivating the world

角田陽一郎
Yoichiro Kakuta

CROSSMEDIA PUBLISHING

まえがき

皆さん、はじめまして。この本を手に取っていただきありがとうございます。バラエティプロデューサーをやっています角田陽一郎といいます。この本は教養についての本ですが、まずは私がどんな人間なのかを解説させてください。

１９９４年にＴＢＳテレビに入社後、主にバラエティ番組のディレクター／プロデューサーとして『さんまのスーパーからくりＴＶ』『中居正広の金曜日のスマたちへ』など数々のバラエティ番組を制作する傍ら、２００９年にはネット動画配信会社ｇｏｏｍｏを設立し、２０１６年にＴＢＳを退社。さらに映画『げんげ』監督、音楽フェスティバル開催、アプリ制作、舞台演出、その他多種多様なメディアビジネスをプロデュースしてきました。つまり、バラエティ番組の枠を超えてバラエティ（さまざま）な分野でクリエイティブしていくバラエティプロデューサーという肩書きで現在活動しています。かれこれ30年近くエンターテインメントに携わって来ました。

私の肩書きであるバラエティプロデューサーのバラエティとは多様性という意味です。テレビのフレームを超えて、まさにさまざまなジャンルで、さまざまな企画をカタチにしています。そんな私は、一方で、２０１９年より東京大学大学院人文社会系研究科文化資源学修士課程・博士課程に在籍し、文化資源学研究者として、テレビのバラエティ番組を主軸に、そこから発展してメディア・マスコミュニケーション・エンターテインメントの研究を行っています。こんな私が考える教養とは一体なんでしょうか?

現在、いわゆる教養ブームで、さまざまなジャンルの教養本が溢れています。そしてほとんどの教養本は、ある一定の知識・情報・テクニックを習得するための本だったりします。しかし、そもそもこのレベルの知識・情報・テクニックを習得すれば、その人が教養のある人なんて定義はできるのでしょうか?

文章の書き方の名著『論文の教室』の著者で、名古屋大学の戸田山和久教授が『教養の書』で述べているのですが、もともと教養は「教養する」という動詞で、〈結果〉ではなく〈プロセス〉であるとのことです。教養は一定の知量があるのではなく、普段日々いかに人がそれぞれ育んでいくか? という行為なのです。

つまり、教養を得るためには(教養のある人になるには)、ある一定のレベルの知識・情報・テクニックを知ることよりも、

その教養を自分がどう捉えるか?

その教養を、他者と、社会と、世界と、どう接続するか?

その教養を、自分がどう楽しむか?

その教養で、自分が、他者が、社会が、世界が、どう教養されるのか?

という、まさに教養を培う上での教養が必要なんだと思うのです。

この本のタイトルの、〝教養としての教養〟とは、まさにそんな意味なのです。

しかし、東大の文化資源学に在籍して、日々教養しておられるさまざまな専門分野の先生方と交流して、私如きが教養の解説本なんて書いていいのか？　という迷いもあります。

　でも一方で、ある先生からは、「（高尚と思われがちな）学術書と（低俗と言われがちな）一般書を結びつけることが、角田さんの使命なんじゃないですか？　それは貴方しかできないでしょう？」と叱咤激励もされました。なので、これから私がバラエティプロデューサーとして、文化資源学研究者として、歴史、地理、社会、エンターテインメント、文化、人生のジャンルで、そのものずばりの教養（知識・情報・テクニック）を解説するのではなく、それらの教養を、どう教養していくのか？　という視点でできる限り解説していこうと思います。ざっくり言えば、いろんなジャンルの教養のいいとこ取りです。

　そういう意味では、ジャンルは多岐にわたり〝広い〟です。一方で、私は各ジャンルの専門家ではないですから、知識も情報もテクニックも稚拙なところはたくさんあります。そういう意味では決して浅くはないけれども深くはないでしょう。ざっくり言えば、〝そこそこ深い〟です。つまり、この本は、〝広くてそこそこ深い〟くらいにいろんな教養を解説しつつ、まずはその教養を捉える際に、私なりの独自な視点で、その教養としての捉え方を解説した、教養のガイド本なのです。

　そういう意味で、なんとなく教養というキーワードに心惹かれるものの、なんとなくその敷居の高さに躊躇してしまったりするいわゆる「これから教養したい人」には、そのとっかかりになれば光栄ですし、日々いろんなジャンルで教養を育んでいる「いわゆる教養人」の方にも、なんとなく違う視点の気づきが得られれば、こんな光栄なことはありません。

皆さんは、これからの未来を明るいと思っていますか？

それともこれからの未来を暗く不安なものと感じていますか？

未来を不安に思っている人たちの多くは、最近の身の回りの暮らしや、学校や職場や社会や日本や世界で起こっている数々の事件や出来事が、今まで予想もしなかったような状態で起こっているからではないでしょうか？

つまり、〝なんだかよくわからない〟ことが起こっている、だから未来はわたしたちにとってなんだか得体の知れないものになっているのかも知れません。もしそうだとしたら、その予感は当たっています。**今、わたしたちは、人類が今まで経験してきた歴史上のさまざまな変化の中でも、最大級の変化かも知れない〝なんだかよくわからない〟変化に遭遇しているのです。**〝なんだかよくわからない〟から不安なのです。

ならば、その〝なんだかよくわからない〟変化とはなんなのか？を知ってみよう。

それが、教養なんだと思うのです。僕はそう考えて、この本を書きました。

テレビのバラエティ番組を楽しむように、気楽な心で、なんとなくの日々の憂さ晴らしに、なんならちょっと知的好奇心が刺激されたのなら、そしてまた違うアクションに、出会いに、勉強に、仕事に、人生に繋がったのなら、それこそがまさに教養を〝教養する〟ことなんだと思うのです。

一緒に、教養としての教養を、広く、そこそこ深く、楽しんでまいりましょう。

第2章 教養としての地理

第3章 教養としての社会

第4章 教養としてのエンターテインメント

第5章 教養としての文化

第1章

教養としての歴史

歴史思考とは 時間という流れを体感する

日々、教養することを実践していく際の重要なポイントは何でしょうか？

それは、そのヒト・モノ・コトが、

いつ生まれたのか？

なんで生まれたのか？

いつからそうなっているのか？

どのように変化していったのか？

どのように変化していくのか？

どのように終わっていくのか？


と、思考を巡らせていくことです。

そして、その思考の行為こそが、まさに歴史を体感することなのです。

この本では、それを「歴史思考」と呼んでいます。

歴史を教養する上で大切な歴史思考とは、時間という概念を意識するということです。

その時間の変化の中で、神羅万象あらゆることが生まれ、変化し、関係を持ち、そして死んでいきます。その過程＝プロセスが、歴史なのです。

まえがきで、教養とは結果ではなく、日々、教養するという行為の過程だと言いました。

歴史というのも、こういうことが過去に起こったという結果ではなく、そのことがどう進んでいったのかというプロセスそのものなのです。つまり教養としての歴史思考とは、まさに「歴史する」という歴史のプロセスに想いを馳せることなのだと私は思います。

つまり過去の出来事を、ただひとつの情報として知る・知らないで判断するのではなく、それ自体が長い時間経過の中で、どのように巡っていったかに想いを馳せることなのです。

まずこの第1章では、そんな歴史を教養するために必要なエッセンスを解説いたします。特に「歴史はなんか苦手だな」と感じている方に知的好奇心が生まれたら幸いですし、歴史好きな方には、歴史の専門家ではない、バラエティプロデューサーとしての目線で観た〝ちょっと違う歴史の視点〟を提示したつもりです。

そしてこの章で歴史に興味を抱いた方は、私が書いた『最速で身につく世界史』と『最速で身につく日本史』をおすすめします。歴史思考を意識することで、ただ教科書を読んだだけでは気づかないようなプロセスを意識することが、結果的に一番歴史が〝最速で身につく〟のではないかと思い書いた本です。そして、そこから専門家の方が書いたいろんな歴史の本が楽しめるようになってくれたら、それこそ皆さんの人生の「教養する」というプロセスの一助になると思います。

それでは、歴史を巡る時間旅行に参加してみましょう！

1-1

Cultivating
The World

歴史は繰り返すけど、同じことは起こらない

歴史に学ぶ、歴史に倣ぶ

歴史嫌いな人へのメッセージ

教養としての歴史について考えてみましょう。

皆さんの中には歴史が好きな人と嫌いな人がいると思うのですが、私自身は歴史が好きかと問われると決してそんなことはないと思うのです。

子どもの頃から歴史好きだったのかというと、そうではありません。もちろん、嫌いでもありません。

実は私は〝何でも〟好きな子どもでした。嫌いなものがなかったのです。今でもそうなのですが、何かを〝嫌う〟ということの意味が、よくわからないのです。

人はなぜ何かを〝嫌う〟のでしょうか？

何か嫌な思いをして、事後的に嫌いになるということはあるでしょうし、苦手な食べ物だってもちろんあります。私も苦手な人はいますし、嫌いな食べものもあります。

けれども、何かを知るという行為の中で、例えば音楽なら「ロックは好きだけど、クラシックは嫌いだ」とか、「芝居は観ないなー」といったいわゆる〝食わず嫌い〟が起こるのはなぜなのか、私にはよくわかりません。

なぜきちんと知ることをしないで、嫌いと言えるのだろうかと疑問に思ってしまうのです。

冷静に考えて、「何かを知る」という行為において「○○が嫌い」と斬り捨ててしまうことは、果たして自分にとって得なのだろうか、と思いませんか？

体験する前から嫌いだと思わなければ、体験してみたら実はおもしろかったという経験を得られる可能性は少なくとも失わずにすむわけです。仮につまらなくても、つまらないと思うだけで、苦手なモノを食べることほどの肉体的苦痛はないのです。当然〝時間の無駄〟と思うことはありますが、でもそれとて「何かを知る」という行為と考えれば、一概に無駄だと言えないのです。

やがて高校生になり、進学先を決める時期が来て、〝雑食〟な私の〝知的好奇心〟を満たす学問は一体何なのだろうかと漠然と考えているうちに、それは「歴史」だと思い至ったのでした。

「歴史」はあらゆるジャンルについて、今まで何がどういうふうに起こったのかを研究する学問です。ですから、物理が知りたければ、「物理の歴史」を学べばよいし、アイドルグループに興味があれば、「アイドルグループの歴史」を研究すればよいし、ローリング・ストーンズが好きなら、やっぱり1枚目のアルバムから、どういう変遷を経てきたのかという「ローリング・ストーンズの歴史」を知りたくなるわけです。

「歴史」を学べば、何でも知ることができる。何に興味を持ってもいいのだ、と歴史の持つバラエティな雑食性に気づいたのです。

もし歴史に興味が湧かない人がいるのならば、そういう観点で歴史を見てみるのはどうでしょうか？　つまり歴史自体に興味を持とうするのではなく、自分の興味があるヒト・モノ・コトの歴史を紐解いてみる、ということです。

歴史の醍醐味：ダイエットとリバウンド

歴史は学校の選択科目では〝日本史〟と〝世界史〟に分かれていますが、迷うことなく世界史を選びました。だって日本も世界の一部だから。

「世界史をとっとけば、日本史を学んでもいいんだ！　むしろお得だなあ」とか考えていたわけです。なので、日本史と世界史のどちらを選択する？　ってことではなく、日本史も知りたいから世界史を選択したのでした。

特に高校2年生の時、そんな性分なのでこの際、中公文庫の『世界の歴史』全16巻（旧版）

を全部読もうと思いました。１巻から読み進めていくと、それこそ歴史を知るという〝発見〟の意味で最初はおもしろかったのですが、特に10巻目の「フランス革命とナポレオン」はそれを超えておもしろかったのです。

　歴史事実を知るという〝発見〟のおもしろさを超えて、１７８９年に始まるフランス革命やその後のナポレオンの時代の人々のダイナミックな動きのストーリー展開に熱く魅了されてしまいました。

　例えば、『機動戦士ガンダム』の地球連邦軍とジオン公国の闘いは、モビルスーツ同士のメカの魅力を超えて敵味方の人間たちのストーリー展開がおもしろいと思うのですが、フランス革命における各派閥の争いには決してモビルスーツは登場しないものの、それ以上のストーリーが展開されているのです。

　なのに、学校の同級生はアニメの中の宇宙世紀の地球連邦ＶＳジオン公国の盛衰は楽しそうに語るのに、教科書の中の18世紀のナポレオンＶＳイギリス軍の盛衰は、教科書に載っているというだけで世界史の授業というだけで〝難しい〟って敬遠するのでした。

　それって、なんてもったいないんでしょう！

　そんなわけで、１９９０年に東京大学文学部に進学し、西洋史学科で「フランス革命とナポレオン」を専攻したのでした。卒論のテーマは「独裁者ナポレオンの登場はフランス革命の一部なのか？」。

　フランス革命に限らず世界のほとんどの革命は、独裁者を倒して民衆に権力を奪還するという理想で勃発するのに、結局また最後には新たな独裁者を生んでしまう傾向があり、そのなんか「せっかくダイエットしてもリバウンドしちゃう」みたいな〝歴史のやるせなさ〟というか〝人間の弱さ〟の真意を知りたいと思ったからなのでした。

クリエイティブとは歴史を知ること

そして、「このまま大学に残り歴史学者になりたいなあ」とか若干思いつつ、就職活動で結局テレビ局を選ぶわけです。サークルでは演劇をかじったこともあり、エンターテインメントの方向にも惹かれていたからです。いろんなジャンルに興味がいきがちだったことも理由にあります。逆に言えば、ひとつのことに熱中するだけの根気はあまりないのかもしれません。

「テレビという仕事を選べば、多ジャンルを扱うことができるし、くだらないことも高尚なこともどっちもやれるから魅力だ」とも思ったのでしょう。そしてその希望がもっとも実現するのが、私にとってはバラエティ番組なのでした。

バラエティとは〝いろいろ〟って意味です。まさに〝多様性〟です。いろんなことを、いろんな視点から、いろんな角度で見ることなのです。

そしてバラエティ番組は、まさにいろんなことを扱います。そして、そのいろんなことをわかりやすく視聴者にお伝えしなければなりません。自分が興味を持ったことを、いろんな企画や演出で味付けして、相手に伝える仕事なのです。ということは、どんなにおもしろいことを経験したって、それが相手にちゃんと伝わらなければ、番組として成立しません。

さらにバラエティ番組は、毎週放送があります。今起こったことや最近流行っていることを、瞬時に理解して、どう表現すると皆さんに伝わるか？

私たちテレビスタッフは始終考えています。そして放送時間は限られています。1時間なら1時間で、その伝えたい情報をわかりやすく構成・編集しなければなりません。まさに情報を〝最速で身につける〟のがバラエティ番組なのです。

そんな風に私がやってきたバラエティ的な歴史の捉え方、それが私の考える教養としての歴史なのです。その捉え方は専門家にとっては邪道かもしれません。でもその邪道な考え方までも内包してしまうことが、実はもっとも教養的な取り組みなのではないでしょうか？

これから、まずはいろんな視点で歴史を私なりに教養してみたいと思います。

1-2

Cultivating
The World

日々変わっていく歴史

新しい時代 New Era

「いいクニつくろう鎌倉幕府」は過去のモノ

２０２２年の大河ドラマは『鎌倉殿の13人』でした。三谷幸喜脚本、小栗旬主演の鎌倉幕府成立の時代が最高のエンターテインメントとして繰り広げられましたが、歴史という教養を考える上で、まずはその鎌倉時代の始まりを考えてみたいと思います。

皆さんは教科書で鎌倉幕府の成立を何年と習いましたか？　これ、皆さんの年齢によって違うんですよね。１９７０年生まれの私は１１９２年と習いました。おそらく一番有名な歴史年号の語呂合わせ「イイクニつくろう鎌倉幕府」のイイクニ（１１９２年）ですよね。多くの方がそう認識されているのではないでしょうか。

ところが今の教科書ではそうなっていません。つまり若い人は鎌倉幕府の成立を１１９２年とは習っていないのです。では、一体いつ鎌倉幕府はつくられたのでしょうか。

そもそも、過去の歴史事実が変わっていくって、意味がわからなくないですか？ 過去が変わっていくのが許されるなら、歴史という学問が成立しないような気がしてなりません。これは一体どういうことなのでしょうか？

ここではそんな〝日々変わっていく歴史〟についてお話ししたいと思います。

そもそも１１９２年がなぜ鎌倉幕府の成立年だったのか。それは、源頼朝が征夷大将軍に任命されたのが１１９２年だからです。では、頼朝が１１９２年に征夷大将軍に任命されたのは間違いだったのかというと、そうではありません。今も変わらず、１１９２年に任命されたというのが定説です。

つまりどういうことかと言うと、正確にいえば「鎌倉幕府成立」の定義が変わったということなのです。

今までは、頼朝が征夷大将軍に任命＝鎌倉幕府の成立と定義されていたのが、鎌倉幕府は、頼朝が征夷大将軍に任命される前からすでに成立していたんじゃないか？ という疑問が歴史業界（歴史業界って言い方もなんですが、歴史学会だけでなく、出版社やマスコミ、在野の研究家、も含める意味です）に噴出したから、鎌倉幕府の概念が変わったのだと推察されます。そして、現在でも鎌倉幕府の成立年は研究者によって見解が異なっています。

例えば

頼朝が侍所を設置して、事実上東国の武士たちを支配下に置いた１１８０年

東国の支配権を承認する宣旨が朝廷からくだされた１１８３年
公文所及び問注所を開設した１１８４年
守護・地頭の任命を許可する文治の勅許が下された１１８５年
頼朝が日本国総守護地頭に任命された１１９０年

――こんなに見解が分かれるわけです。

そのため、教科書はその年代を明記することをやめて、あえてぼかして書いている節があります。でも、教えてくれる拠り所の教科書が、ぼかして書いてあるって、それどういうことよ？ はっきり言って、困ります！

特に受験勉強で歴史を学んでいる学生さんや、子どもに聞かれた親御さんは、とても歯切れが悪い感じです。

ぶっちゃけ、もう諸説があるんだったら、いっそのこと「イイクニつくろう鎌倉幕府」の１１９２年でいいんじゃないか？ だってそれだと覚えやすいし、教えやすいから！

――私なんかは、それこそアマチュアなので、そんな風な思いさえ持ってしまいます。では、そんな混乱をきたしている鎌倉幕府の成立の年について、どう認識するのがよいでしょうか？

私が言いたいことは、ずばりこういうことです。

「私たちが持っている歴史認識の、認識自体を変えること。」

つまり鎌倉幕府というものの成立が何年かを、定義するのではなく、そもそも鎌倉幕府とは一体何なのか、を考えてみることだと思います。

歴史の決められ方

ではなぜそもそも鎌倉幕府の成立の定義がぼやけるのか。それは、鎌倉幕府という名称が、後世に名付けられた名称だからなのです。つまり、当時の人たちは、頼朝がつくった政権を、誰も鎌倉幕府なんて呼んでいなかったのです。

では、いつ名付けられたのかというと、実は明治時代になってからなのです。つまり近代になって、歴史研究家が、過去の鎌倉時代といわれる時代を司った政権を、鎌倉幕府と呼ぼうと、あとから仮に決めただけなのです。なので、成立年が特定しないのです。

そして、現代の歴史業界の誰かが、この年を鎌倉幕府の成立と仮定しようと唱えて、大部分の歴史業界の方々が、「その仮定でいいんじゃないの！」と概ねなったため、「その年を鎌倉幕府の成立年と呼んじゃいましょう」というコンセンサスがとれただけの話なのです。

一方で、頼朝が侍所を１１８０年に設置したことは、当時から事実です。頼朝が征夷大将軍に１１９２年に任命されたのも事実です。なので、その歴史的事実たちを、どう研究家が定義するか？ が歴史という学問なのです。

では、歴史の定義は、誰が一体どうする・されるものなのか？

この決め方の曖昧さに、実は〝定義の不確かさ〟の根本原因があるのです。

ところが教科書で習う〝勉強〟の多くは、つまり若い頃に私たちが、大人たちから習う情報は、その定義が曖昧か厳格かなんて要素は全く考慮されずに、ただ情報として私たちに〝決まったこと＝定義〟として降ってくるのです。そしてその定義の不確かさが全く考慮されずに、勉強として確立してしまっている最大のものが、いわゆる『受験勉強』なんだと（私は）思います。教科書検定という制度も本質的にはそうかもしれません。それは現政権が、過去の歴史を、「そう定義しましょう」と決めただけに過ぎないからです。

もし読者の皆さんが受験生だったら、やっぱりそんな風に現政権が決めた「過去の歴史の定義たち」をある意味丸暗記して受験勉強に挑む、っていうことをやらざるを得ないのは悲しいかな事実です。でも、受験勉強とは異なる、本当の教養を皆さんが自分の身につけることの本質は、鎌倉幕府の成立年を覚えることではなく、〝鎌倉幕府という定義は、曖昧なのだ！〟と理解することだと思うのです。

歴史的名称の多くは後世の研究家によって名付けられたものです。あるいは時の政府がそう呼ぼうと決めたりしたものです。

例えば織田信長が明智光秀の謀反によって命を落とした事件のことを本能寺の変と呼ぶようになったのは、近代になってからです。

その近代に起きた歴史的事件ですら、ころころと名称が変わります。日中戦争（１９３７年～１９４５年）も当時は支那事変と呼ばれていました。

国際連合（国連）、つまりUnited Nationsのもともとの日本語名称は「連合国」です。連合国とは第二次世界大戦時の日本やドイツといった枢軸国側と対立する、アメリカ、イギリス、フランス、ソ連など、要するに日本の敵国側のことです。戦争が終わって、世界各国の総合機関的な雰囲気を醸し出すために、日本語の訳語だけ国際連合と変えただけなのです。太平洋戦争も、そもそも当時は大東亜戦争という呼称でした。日本を占領していたＧＨＱがその名称を禁止して太平洋戦争に変えたのです。

このように、歴史の呼称自体が極めて曖昧であることと、その事実をどう定義するのかも不確かなのだと認識できたならば、次のステップに移りましょう。

始まりの曖昧さ

実は鎌倉幕府の成立年が曖昧なのには、もうひとつの別の理由があるのです。

それは、鎌倉幕府が初めて成立した幕府ということ。

歴史上、幕府は３つ誕生しました。鎌倉幕府、室町幕府、江戸幕府です。鎌倉幕府だけでなく、室町幕府も江戸幕府も、後世の歴史業界が名付けた名称です。

そもそも幕府の定義とはなんでしょうか。

　これもまた、なかなか曖昧ですが、このように定義が曖昧な時、私はその英訳を調べます。今回のように、幕府というものを研究家が外国人に説明する時に、「つまりこういうことなのよ！」ということを端的に説明しないと、外国人には幕府の意味が伝わりません。逆に言えば、外国語に翻訳する時には、むしろ国内の諸事情に影響されずに、端的に外国語に言い換えられたりすることが多いからです。

　そこで調べてみると、鎌倉幕府のことは、Kamakura military governmentと訳されていました。つまり、幕府とは現代語で言えば軍事政権なのです。武士は軍人であり、その大将＝将軍がつくった政権なのです。これだと軍隊を持たない政府＝朝廷という、天皇が大将の、そしてその縁戚＝貴族が運営する今までの政権との違いがはっきりみえてわかりやすいですよね。

　話を幕府の設立に戻しますが、室町幕府が成立したのは１３３６年で、足利尊氏が建武式目という新たな決まりを制定した年とされています。ちなみに尊氏が征夷大将軍に任ぜられたのは１３３８年。かつてはこの年が室町幕府の成立年とされていたと思います（私は学生時代「イザミワたせば室町幕府」と覚えました）。

　そして、江戸幕府の成立は、１６０３年と今のところ変更はありません。この年は徳川家康が征夷大将軍に任じられた年です。

　つまり、幕府という軍事政権のシステムが3個目になってだんだんと固まっていき、ようやく幕府の設立要件として、「征夷大将軍に任ぜられたことを設立年に決めてもいいや！」というコンセンサスが、むしろそのあとの近代になって研究家たちの間で取り決められたのです。その取り決めを、今度は逆にその前の室町幕府や鎌倉幕府に当てはめてみたわけです。そして、

源頼朝が征夷大将軍に任ぜられた１１９２年が鎌倉幕府の成立年
足利尊氏が征夷大将軍に任ぜられた１３３８年が室町幕府の成立年
徳川家康が征夷大将軍に任ぜられた１６０３年が江戸幕府の成立年

と、決め、それが長いこと定説として採用されていたわけです。

ただ、研究が進むと「征夷大将軍就任以前から、もう頼朝も（なんなら尊氏も）、事実上は軍事政権を成立させていたんじゃないのか」という疑問が出てきて、調べれば調べるほど、その感じが強くなり、そして最近、ついに実質的に軍事政権成立した年を、各幕府の成立年に定義しようとなったのです。

すると、室町幕府の設立は、足利尊氏が建武式目という新たな決まりを制定した１３３６年という、征夷大将軍になる２年前なんだ！　となるわけです。これは、ある意味候補が１つあるだけで、すんなり決定ですね。

でも、先述したように、鎌倉幕府の成立年には候補が４つありましたよね。ていうかむし

ろ決められないって雰囲気ですよね。これはなぜでしょうか？

要するに、江戸幕府→室町幕府→鎌倉幕府と、時代を遡るにつれて、どんどん曖昧になっていますよね。

その理由は、「鎌倉幕府が初めての幕府だから」ということです。源頼朝という軍人の大将が、初めてつくった軍事政権は、今までこの日本になかったのです。最初にできたものだから、始まりは曖昧、というわけなのです。

物事の始まりは曖昧です。なぜなら人は決まったことをやってるわけではなく、なにか初めてやった始まりが、のちに繰り返されると〝決まり〟になるからなのです。

歴史において、過去に遡るほど曖昧になっていくのは、その分、文献や史料が少なくなっていくから、という側面も確かにあります。

でも、私はそれよりも、この歴史で起こった現象もつねに「始まりは曖昧だ」と理解することの方が、人生にとって重要なことだと思うのです。

なぜなら、それは歴史だけでなく、文系理系問わずあらゆる教養や、学問だけでなく社会の法律やルールや慣習やしきたり、個人のルーチンワークなど、すべてのことに言えるからです。

〝決まり〟とは、誰かが〝決めた〟から〝決まり〟なのではありません。

ある物事がそういう風になっているから、それを鑑みて、みんなが（意識・無意識かかわらず）そう思うから〝決まり〟になるのです。そして代を重ねるごとに、その〝決まり〟が強固になっていくのです。

私たちが今生きている現代社会は、法治国家です。すると〝決まり〟というのは、国会で審議したり、あるいは学校や組織が決まりを制定するから〝決まり〟になることがあまりに自然なので、過去の歴史でもそうだったと私たち現代人は思いがちなのです。

でも、違います。それは現代においても、違います。〝決まり〟は、みんながそれを承認するから〝決まり〟なのです。

つまり、今決まっていることでも、その〝決まり〟が時代に合わなくなったら、変わっていきますよね(だから鎌倉幕府の成立年も変わったわけですし)。

歴史以外の例で言えば、ネットのなかった時代につくられた決まりが、今ネット上でのルールと合わないなんてことはしばしばあります。

明治時代につくられた民法が、今の恋愛だったり、家族だったり、いわゆるＬＧＢＴに合致してないことなんてたくさんあります。

人権だって、18世紀末のフランス革命によってそれが万人にあるものなんだってなったから、今の私たちはそれらを享受しています。でもその人権だってどの人種にだって適用されるようになったのは、ここ数十年です。女性の人権だって、昨今はｍｅ ｔｏｏ運動が活発化しているのは、むしろ今新たな決まりが決まりつつあるからかもしれないわけです。

ということは、鎌倉幕府が最初の幕府だから曖昧だ、ということは幕府に限ったことではないのです。曖昧なものが、時代を下るにつれて、徐々に固まっていくんだ。私たちの時代だって、これから新たな『決まり』が、みんなで（あなたによって）つくられていくんだ……という『歴史が日々変わっていく』感覚を持つために、私たちは歴史という教養を学ぶのです。

受験生など若い読者の皆さんが（いや、年取った方でも新しく何かを始めようとしている皆さんが）、今曖昧な立場でいたりして、自分の先行きが不透明で不安と思うことがあるかもしれません。でもそれは当然なのです！

それは今が、あなたの人生の最初の新たな取り組み、つまり鎌倉幕府だからです。

これから〝あなたの人生〟という〝あなたの歴史〟の中で物事が決まっていく初めの始まりだから曖昧なのです。

あなたは何《なに》人《じん》？　それを決める国民の定義とは？

トランプ大統領が登場した２０１８年当時に、『アメリカ人』という人種が決まっていくんだな、って実感したのをはっきり覚えています。え、アメリカ人ってもう決まってるじゃん！　アメリカ国籍を持っている人がアメリカ人でしょ！　……そう思われる方、はいその通りです。でも、私は違う意味で今『アメリカ人』が定義されるんだなと、その時感じたのです。

皆さんは、国籍がどう決まるかをご存じですか？

決め方には大きく分けて2種類あります。

血統主義と出生地主義です。血統主義とは、その国籍を取得する方法が、親の国籍を継承する方式です。親がイタリア人だと、その子はどこで生まれようとイタリア人です。

一方、出生地主義とは、その国籍の取得の際、出生した国の国籍が付与される方式です。

血統主義を取る国は、日本、アイスランド、イスラエル、イタリア、エチオピア、エルサルバドル、オーストリア、オランダ、ガーナ、ギリシャ、スウェーデン、スペイン、スロバキア、タイ、中国、韓国、デンマーク、トルコ、ナイジェリア、ノルウェー、ハンガリー、フィリピン、フィンランド、チェコ、ブルガリア、ポーランド、ルーマニア、アラブ首長国連邦、アルジェリア、イラク、イラン、インドネシア、エジプト、オマーン、クウェート、サウジアラビア、シリア、スーダン、スリランカ、セネガル、マダガスカル、モロッコ、レバノン　など。

そして、血統主義の中でも、条件付きで出生地主義を採用している国もあります。イギリス、オーストラリア、オランダ、ドイツ、フランス、ロシア、ウクライナ、ベラルーシ　などです。これらは、移民が血統主義の国よりもしやすくなりますよね。

そして、出生地主義の国は、アメリカ合衆国、カナダ、アルゼンチン、カナダ、ブラジル、アイルランド、パキスタン、バングラデシュなどです。

これらの国は、もともと移民が主体の国だと言えます。

今まで何人だろうが、その国に移り住んで来た人の子どもは、その国人になるからです。

そして、まさにアメリカという国の存在意義こそが、この〝出生地主義〟なのです。

どういうことかと言うと、拙著『最速で身につく世界史』で書きましたが、１７７６年独立戦争に勝って独立宣言を発して誕生したアメリカ合衆国は、今までにない全く新しいタイプの国家でした。今まで４大文明からこの方、国というのは、その地に住んだ人々が、集団で定住し、大規模事業を行う為、統率者が現れ、王になり、民族となって１つになり、国家を形成してきました。時には違う民族を従えたり、あるいは逆に支配されたりしながらも、その同族意識（＝アイデンティティー）で成立しているのが今までの国家でした。

そこにはその国民が共通の歴史・物語を持っているのです。その国家を建国した先祖はその国の英雄であり、その国の歴史はその国のしきたり・文化・伝統であり、それがその集団のアイデンティティーとなり、そのアイデンティティーを共有する者がその国の構成員なのです。

でもアメリカは違います。英雄も伝統もなく造られました。その成立基盤は〝理想〟なのです。アメリカは神の下で平等だという、考え方に賛同した人たちがこれから新しい国を造ろうとして出来上がった〝人工国家〟なのです。私たちは日常でよくアメリカの話題になります。ですので、アメリカが国という概念の基準（スタンダード）だと極めて思いがちです。むしろアメリカというのは極めて特殊な国なのです。

アメリカという国の存在意義こそが、この〝出生地主義〟なのです。アメリカという地に集まった人たちが造った国がアメリカで、そこに集まった人（の子ども）がアメリカ人なのです。つまり血統に縛られない理想の国なのです。いや、正確には、血統に縛られない理想の国〝だった〟と言えます。なぜ〝だった〟と過去形なのでしょうか？

それはドナルド・トランプの登場です！

自国第一主義を唱えて大統領になったトランプは、移民を制限するために、メキシコ国境に壁を設けようとしましたし、２０１８年に行われた中間選挙で勝利するために、南米からの７０００人の移民キャラバンの入国を阻止しようと、軍隊を派遣しました。

そして、選挙期間中になんと、「出生地主義」の制度を大統領令で廃止する考えを示したのです。さすがにアメリカ合衆国の存立基盤である出生地主義は憲法にも明記され、大統領令では簡単には変更できないという、議論になりましたが。

これらのトランプの施策は、つまり「○○人が新たにアメリカ人になることの廃止」という、新たな『決まり』の前兆かもしれないわけです。ということは、もしこの新たな『決まり』が決まれば、新しい〝アメリカ人〟という概念の誕生です。

それは、日本人が自分を日本人だと思う感覚と同様に、アメリカ人も自分たちをアメリカ人だと思うようになる始まりだと言えます。

私は、このトランプの考えを聞いた時、（その是非は置いといて）、「○○人という概念はどう生まれたのだろうか？」という長年の疑問が氷解した気分でした。

例えば、日本人。私たちは自分たちをいつから日本人と定義するようになったのでしょうか？　だって4万年前に東アフリカを旅立った祖先たちは、グレートジャーニーという長い長い旅を終え、日本列島にたどり着いたと学生時代に習いましたよね？　ってことは、その人たちはアフリカ人なんじゃないか？　って私は学生時代に思ったものでした（笑）

いつから、アフリカ人は日本人に変わったのだろう？

きっと何万年も経つうちに、日本の気候に合わせて、色素も薄くなって、黄色人種になったのかな？　とか。いやいや、歩いているうちに中国大陸とかで、黄色人になったのかな？　とか。縄文人がその子孫で、さらに時代が下って、大陸からやってきた弥生人。ではどっちが日本人？　混ざって日本人？

……まあ、そんな感じの空想を勝手にしていたのです。

で、いわゆる新大陸といわれるアメリカにも、そのグレートジャーニーの旅で行き着いた人たちが定住してネイティブアメリカン（インディアン）になり、やがてコロンブスによって15世紀にヨーロッパ人に再発見されて、ヨーロッパから移民たちがやってきて、今の彼らの理想の国『アメリカ合衆国』が18世紀に生まれたわけです。

そして21世紀になり、アメリカ人という種族が今から定義される（かもしれない）。

それって、数百年後の受験勉強している私みたいな人間が、

「あ、そうか２０１８年にアメリカ人って生まれたんだ！」って、暗記しているかもしれないじゃないですか？

1-3

Cultivating
The World

縁起を探る旅をする
ストーリーからナラティブへ

名前の縁起を知る

歴史や地理は学校の科目として習うと暗記が付き物と思われがちですが、半分は正解で半分は間違っていると思います（数学や物理をはじめ大方の学問でも当てはまりますが）。まず、第一義で言えるのは、暗記だけをすることは本質的には意味がありません。それを知っているかどうかと、その本質を知ることは、違うからです。そこが前提の上で、本質を知るために、これはすくなくとも、〝知っとくべき〟という知識が一定数はあることも確かです。

その上で私が教養として捉える時に、覚えるべき情報とは、そこにあまり優劣はないということです。優劣の定義づけが難しいとすれば、清濁、あるいは公認・非公認には意味がないとも言えます。しかし教育だと試験の範囲はどうか？という範囲の概念で、知の領域を固定し、その中でさらにこれは覚えるべき、覚える必要ないといった判別を公に認定してしまいます。しかし、この範囲という領域自体がまずは、流動的です。常に時代とともに、または地域によってでも時の施政者の方針でも時事刻々と変化しているのです。

範囲という線に囲まれた明確に線引きされた領域があるのではなく、その境目は不確かで境界自体がもっと面的にグラデーションで広がっていると認識する必要があります。

その例を地理の国境でいうと、最近は確定したみたいですが、かつての地図帳ではアラビア半島のサウジアラビアやオマーン、イエメンの間には国境を描いてない地図がありました。それはその国境線上がまさに砂漠なので、そこに線を引いてここからここまではA国、こっちからはB国と決めること自体が無意味だったかららしいです。その一帯がなんとなく両国の国境なんだって、広く面的な概念で国境は捉えられていたのです。

そして、そんな領域が不確かな中で、それでも教養として覚えるべき名称、知っといたほうがいい情報（もしくは暗記すべき名前）を私たちはどう扱えばいいのでしょうか？

この項では、そんな名前の概念を考えてみたいと思います。

歴史や地理などで海外の名称や情報が出てくる時に大事なのはその名称はそもそも何なのか？　ということです。ある名称に私たちが触れる時、

1、現地語の文字で書かれた情報

2、現地語の音で読まれた読み方

3、日本語で書かれた情報
4、日本語（カタカナ）で読まれた読み方

とすでにその名称が指す対象が、違う読み方をされることが多いですね。さらに、３と４で言えば、その名称が認識された時代の読み方を踏襲していてさらに混乱が生じる場合があります。オランダとかイギリスとかドイツですね。

イギリスとグレートブリテンとイングランドとアングロテール
オランダとホーラントとオレンジとダッチ
ドイツとドイッチュラントとアルマーニュ

それぞれは同じ国を指していて、それでいて厳密には違うわけです。それがごちゃごちゃになりますし、もう本来の国では現地の人は自分たちをなんて呼んでいるかも日本人にはわからない状況ですね。

私も以前『最速で身につく世界史』を書いた時にイギリスと表記して、イングランドとスコットランドが分かれている時代はどうすれば、とかいろいろ迷いましたし、中国のことを中国と書くと、現在の中華人民共和国だと思われがちで、いわゆる漢民族が占める領域なのか、チベットやウイグルも入った領域なのか混乱を招くなとかかなり苦慮しました。

中国や韓国の地名や人名は漢字表記をそのまま日本語の音で読む場合と、中国語や中国語をカタカナでつづる場合があってそれだけでもさらに混乱しますよね。北京はペキンなのかベイジンなのか、習近平はシュウキンペイなのかシージンピンなのか？　等々。

逆に言えば、Japanもそうかもしれません。もともと私たちがニッポンって呼んでいたのが、違う異国の異民族に聞かれた音で表記され、その表記をまた違う国の人が読んで、違う音が付き、そして英語では結果、Japanになったのでしょう。

でも、そこまでわかりやすい混乱事例だけでなくても、例えば、アルゼンチンは現地語で書けば、1 Argentinaで、強いてカタカナで書けば、それを日本語で読めば4〝アルヘンティーナ〟です。でも日本語カタカナではなぜ〝アルゼンチン〟なのかというと、英語の公式読みでは、Argentineだからです。

でもこれだって、現代的なカタカナ表記だとアルゼンティンになると思うのですが、要は小さいァィゥェォを採用するかしないかで、tiをチなのかティなのか、thをジなのかディなのか、ブなのかヴなのかなど、つまりカタカナ表記の運用の変遷のせいだとも言えるワケですね。

さらにややこしいのが、では小さいァィゥェォを採用すると決めたんだから、全部そっちに変わったというならばまだ話が早いのですが、実際変わった国名もありますが、アルゼンチンは、アルゼンチンという国名が流布しているから、そのままアルゼンチンなのです。つまり、現地の名前を認識する場合、先の1から4の定義よりさらに、

5、英語で書かれた情報
6、英語（カタカナ）で読まれた読み方

というのもあるワケです。で、もっとややこしいのが、その英語で読む6を使用する場合と、現地語の2を使用する場合が、それこそ名称ごとに違うからです。私は最初アメリカ人と話していて、ユークレインが何かわかりませんでした。でもそれは、ウクライナだったのです。ウクライナは英語読みだとユークレインだからです。でも私たちはウクライナを使用しますよね。ウクライナの首都キーウも2022年のロシア侵攻まではロシア語読みのキエフでした。つまり使用法の基準が不確定だってことなのです。

不確かさを楽しむ

でも、その不確定なところこそがポイントなのです。

歴史で名称が出てきた時、それが何を指し、何と同義なのかを気にかけるだけで、理解が深まります。逆に、そこまで混乱する理由は何かを考えることが教養の教養でもあります。混乱を招いたことには招く理由が実はあるからなのです。

例えばアフリカにはナイジェリアとニジェールという国がありますが、これはこの地方にニジェール川が流れていて、それがそもそも現地の黒人系の遊牧民トゥアレグ族の音だったのが、フランスの植民地になる際、ラテン語の黒を意味するnigerに転訛《てんか》したからです。

そしてその下流地域は、イギリス領の植民地になり、ニジェールの英語読みがナイジェリアですし、黒人を意味するニグロになるのです。

つまりナイジェリアと、ニジェールって私たち日本人には違う言葉に感じられますが、その歴史の変遷を知ることで、むしろナイジェリアの公用語は英語だろう、ニジェールはフランス語だろうと、地理的推察ができるんだと思うのです。

同様に、ガイアナとギアナとスリナムという国が南アフリカ北部にはあります。

ギアナという地域がヨーロッパ各国の植民地になりました。

スペイン領ギアナは、現在のベネゼエラのボリバール州
イギリス領ギアナは、現在のガイアナ（つまりギアナの英語読み）
オランダ領ギアナは、現在のスリナム
フランス領ギアナは今もフランスの海外県
ポルトガル領ギアナは現在のブラジルのアマパー州

なのです。そしてこの地理的要因から、ガイアナはインド人が多いです。なぜならインドは元イギリス領の植民地だったので、その当時安価な労働者としてインド人が多数やってき

たからです。そしてインド人が多いということは、ヒンドゥー教徒が多い地域なのです。

またスリナムには、同様の理由でムスリム（イスラム教徒）が多いです。なぜならイスラム教徒最大の人口を擁するインドネシアは、元オランダ領植民地だったので、インドネシアからムスリムが当時多数やってきたからです。

私たちが南米を想像すると、スペイン・ポルトガルの末裔というのは想像できます。

次に現地の原住民インディオの末裔というのも想像できます。

さらに、日系ブラジル人、日系ペルー人など日本人の移民などまでは想像できるでしょう。さらに想像を膨らませれば日系移民のように人口が多い中国系移民、インド系移民までならきっと存在するんだろうな？くらいまでは想像が行き着くとは思います。でもよっぽど歴史に明るい方でなければ、南米にムスリムが多くいる地域があることは流石に想像を超えるのではないでしょうか。

つまり、名前から派生して、思考を巡らすことは、その自分の想像を超えることまでたどれる教養の深さがあるのです。

1-4

Cultivating
The World

時間は足す（＋）ではなく、掛ける（×）

バラエティ思考を身につける

時間の対数把握

歴史を教養としてとらえる上で、実感して欲しいのは、歴史の年代のスケールが対数的に推移しているということです。対数と聞くと、数学が苦手な私みたいな文系と称される人々には敬遠される概念ですが、この対数的な考えを把握することが、歴史を学ぶでも日常で生活するでも極めて重要です。

対数とは繰り返しの掛け算でできています。日常でも金利の計算などで使われていますが、そう感じていないモノも実はかなり対数計算（乗算）です。例えば音階の1オクターブは1つ上がって、2オクターブは2つ上がってと普段私たちは足し算のように認識していますが、実際は2乗、3乗と指数的に推移したものなのです。

例えば古生代は5億年前から2億年前と3億年のスパンがあります。ところが中生代は

１億４０００万年、新生代は６０００万年と短くなっていますが、その中がさらに圧倒的に長い第３紀（５９００万年）と第４紀（１００万年）とに分かれていて、その第４紀が圧倒的に長い99万年の洪積世（更新世）と1万年の沖積世（完新世）に分かれているわけです。そういう意味では今私たちが生きている時代は沖積世（完新世）なのですが、人間の人工物が自然環境に影響を与え始めた時代（20世紀半ば〜）からを人新世《ひとしんせい》「Anthropocene」アントロポセンと名付けようという動きも最近あります。そうしたら人新世は長く見積もってもまだ70年くらいですね。

　このように、時間経過で事物が変化するのが、対数的変化なのです。

　つまり私たちが日々実感する、年々技術の進歩や時代の流れが速くなってきているという身体感覚は概ね正しいのです。つまり完新世の中で、縄文時代の１万３０００年と平安時代の４００年間と江戸時代の２５０年と平成の30年を、ひとつの感覚だと（今を生きる私たちが）感じるのは、なんとなく合っているわけです。

　でもそれは今を生きている私たちが今から過去の歴史を見るとそう対数的に乗算になっているわけで、その時代その時代を生きた人たちは、やはり日々の毎日の暮らしを喜怒哀楽の積み重ねの加算で過ごしていたでしょう。そこは昔も今も変わらないと思います。

　つまり、私たちが歴史を教養として捉える時に必要なのは、まさにその乗算的な変化の歴史感覚と、その時代に生きた人々の加算的な日常感覚を、どちらも考慮することなんだと思うのです。

これが歴史を「足し算で見る」のではなく、「掛け算で見る」ということなのです。

私は歴史を眺める時に、自分なりの捉え方をいつもしています。そういう意味でもこれも掛け算的な把握です。

例えば、英語で世代をジェネレーション（generation）と言います。しかし、ジェネレーションには30年という意味もあります。１世代＝30年ということなのでしょう。近現代の日本は、奇妙な偶然で、

平成は約１ジェネ、31年（実質30年と４ヶ月）
昭和が約２ジェネ、64年（実質62年）
大正が約ハーフジェネ、15年
明治が約１・５ジェネ、45年

の長さでした。

つまり、日本の近代１５０年というのは、明治前半、明治後半大正、昭和前半、昭和後半、平成の５つのジェネレーション（世代）に区分できるんじゃないかと思うのです。

世界OSと自分アプリ：バージョンアップする、しない？

こうしてジェネレーション区分で時代を捉えると、今、令和になって、新たなジェネレーションに移行したんだと実感します。

ある時見ていたNHKニュースで『リモートで落語』と『商店街をクラウドファンディング支援』という特集をやっていました。

これらの仕組みは以前からありましたけど、今回のコロナ禍でいろんなライフ&ビジネスが一気にアップデートされていることの現れでしょう。つまり、困難は変革を加速させるのです。

令和になり、新型コロナウィルスが広まり、ウクライナで戦争が始まって、もしかしたらそれは求められていた必然の変化なのかもしれないのです。

このような変化とは、それはPCで例えれば、個々のアプリケーション（アプリ）の変化というよりも、もっと基盤的なオペレーティングシステム（OS）の変化です。

ビジネス、暮らし、エンタメ、教育、さまざまなヒト・モノ・コトのコロナによるOSのアップデート。それは否が応でも起こっています。そしてそんな時こそ、私は教養を教養しようと思うのです。

どうせ起こってしまったのなら、その変化に自分の身体と精神をどうシンクロさせるか？

時間と空間をどうデザインするか？
自分というアプリのバージョンアップも必要なのだということを。

一方で自分というアプリを旧態依然で頑なにずーっと維持していれば、世の中の今のOSでは動かなくなるかもしれないけれど、やがてビンテージという価値になって、むしろ世の中のOSの方がそのアプリを動せるように合わせてくるかもしれない。エミュレーターがつくられるかもしれない。そんな感じで激変の時代だからこそ、むしろ確固たる〝自分アプリ〟としてそのままでいるって選択もあるのかもしれません。

自分も若い時分は、バージョンアップを常日頃心がけていたし、バラエティプロデューサーとしては、そのバージョンアップが生きるための必須の条件でした。

でもこのコロナ篭りにより、自分の中でさらに自分の考えも変わって、自分は自分のままのそのままのバージョンでいってみようとかとも考えています。

つまり世界OSのバージョンアップに合わせるのではなく、もし必要なら世界よ！自分アプリに合わせてくれ！的な（笑）
まあ、自分アプリが必要とされなくなったらそれまでのことですし、そこをジタバタ抗っている方が、世界OSに無理くり合わせるよりもむしろ楽しいかな、と思っているのですが。

時代とのマッチング

最近のテレビ番組や制作者の質が下がっていると言う人がいます。

ただ私の肌感覚では、自分が入社した頃の先輩たちにはろくでもないあまりに酷い人たくさんいました。TBSで言えば、TさんとかKさんとか(笑)

実は質なんて今も昔もそんなに変わってないんじゃないでしょうか。昔からレベルが低いと言えば低いし、すごい人は老若男女いつの時代も少なからず存在します。

多分、テレビ制作者だけじゃなく、あらゆる分野ですごいモノをつくっちゃう人ってのが、いつの時代もいるのです。

ただそれが、まさに歴史という時代の流れの中で、幸運にも顕在化する場合と不幸にも闇に埋もれてしまう場合があるんだと思うのです。

時代の歯車とたまたまカシャっと符合するか、空回りするか。

時流と寝るか、時流をシカトするか。

時流を読んでそれにマッチすることを作り手はいつも気にしています。

でもそれってハマりすぎるとむしろダサいし、先行きすぎると誰も理解しない。

個人的にはそんな時代とのマッチングにはそもそも意味がないんじゃないかって最近無力感を覚えてしまったりもします。

その行為は、なんでも正解を求めるクイズ人生であって、なんかとても退屈というか。

他人のレコメンド、むしろそれに乗りたくないとでもいうか。他人とマッチング、むしろそれをしたくないとでもいうか。

教養としての歴史を想う時の、まさに私の今の時流は、むしろそんなふうに時流に合わせないということなのかもしれません。

メンタルローテーションとパターンマッチング

人はなぜ、そもそも教養を欲するのでしょうか？

何かを学ぶため、何かのノウハウを身につけるためでしょうか？

突然ですが、皆さん、テトリスはやったことありますよね。4つの正方形のブロックが組み合わさった7つの形のピースブロックが上から落ちてきて、それを回転させてうまく積み重ねることで、クリアしていくゲームですよね。皆さんはテトリス得意ですか？

ちなみに、自分は苦手です。どんどん進んで速く落ちてくるようになってくると、ピースを回転してはめるのに時間がかかってしまい、どんどんクリアできずに堆積してきて、すぐゲームオーバーになってしまいます。ちなみに、私はテトリス以外のどんなゲームも、そんなに上手くないです。なんで自分はテトリスが下手なんだろう……。

そんな時、速くピースを回転させて上手にはめ込める人と下手な自分はどこか違うのかと考えました。すると、人はその問題を認知して、その正解を探すという課題をクリアするプロセスには2種類あることを知ったのです。

それは「メンタルローテーション課題」と「パターンマッチング課題」の2つです。

テトリスに話を戻すと、ある形のピースブロックが落ちてきて、それを回転して適合した形に合わせることを頭脳で想像するのにかかる時間は、実際に物理空間でモノを回転するのと同じ時間がかかるそうです。

つまりその時間分、脳内でメンタルをローテーションしているわけですね。その課題のやり方を「メンタルローテーション」と言うらしく、つまり私みたくテトリスが苦手な人は、そのピースが落ちてきて、その形を認識し、さらに下部の空いている形を認識して、そこに当てはまるように回転させているために、時間がかかるのです。つまりテトリスが苦手な人は、いちいちその都度メンタルローテーションで思考しているのだそうです。

一方、いちいちピースを脳内で回転させているのではなく、そのピースブロックの形状をパターンとして認識して、下部の空き具合のパターンと一致するかしないかを瞬時に判断して課題をクリアする方法があります。それを「パターンマッチング」と言います。テトリスが上手い人は、そんな風にいちいち脳内でピースを回転させないので、瞬時にマッチングさせるので、テトリスが上手なわけです。

つまりテトリスがうまくなるコツは、テトリスを解くことを「メンタルローテーション課題」から「パターンマッチング課題」に切り替えられるか否か？ということなのです。

そして、このメンタルローテーションとパターンマッチング、テトリス以外でも何かを作業する時に、効率がいいのは断然パターンマッチングです。その問題（課題）のパターンを認識して、そのパターンごとの解答をそれぞれ事前に認識して、実際当てはめる時には、瞬時にそれに応答する。そうすれば効率的ですし、迷いもなく、時間もかからず、スムーズに問題と回答が結びつきます。つまり、仕事でも勉強でもスポーツでも、メンタルローテーションしていることを、どうパターンマッチングにするか？が成功の鍵なのだとも言えるわけです。

そして、ほとんどのビジネス本や自己啓発本、何かの攻略マニュアル、ハウツウ本は、皆さんの思考をそんなパターンマッチングに至る解説やテクニックを披露しているんだとも思うわけです。

なので、皆さんもそんなテクニックを手に入れて、あらゆることのパターンを認識して、素早くマッチングできるようになって効率化して、素晴らしい最適化された人生を歩んでください！……とこの本がそんな自己啓発マニュアルならば、そう書き終わるでしょう。

でも、私はそんな生き方に、なんとなく違和感を感じるのです。

それが、実はこの『教養としての教養』で一番言いたいことなのかもしれません。

最適化ってのが、自分の人生にもっとも適した状況を意味するのなら、それは決して効率化することではないのではないでしょうか？

ムダや遠回りや失敗や、時には嫌なことを含めて経験・体験・後悔することが、その人の人生の幅と深さをつくると私は思うのです。

冒頭で言ったように、私はテトリスが、そしてゲームが苦手です。それは裏を返せば、自分の人生の営みを、その時生じる一つひとつの行為や経験をパターンマッチングにしたくないからなのだと思うのです。つまり、迷おうが彷徨おうが、いろいろメンタルをローリングしたいのです。

そしてパターンマッチングがもっとも上手いのが実は人口知能（AI）です。その正確さとスピードには人間はもはやかないません。つまり、パターンマッチングはいっそのことAIに任せて、私たちはメンタルローテーションを楽しむことが、これからの人生にとって大切なことなんだと思うのです。

かつて明石家さんまさんが収録の楽屋でおっしゃっていました。

「カーナビを車につけないいんですか？」ってスタッフが質問したら、

「俺、迷いたいねん」って。

迷って、ジタバタして、それでなんとか目的地にたどり着く。それもまた楽しいことなのではないでしょうか？　そしてそんな風に自分の脳内をローリングする行為こそが、まさに教養することなんだと私は思っています。

で、本当は、組織だって社会だって世界だってそうだと思うのです。私は自分がいろいろ行きつ戻りつ、思考をローリングすることこそ、価値あるものだと思っています（当然、そこからパターンマッチングに進むことを否定しているわけではありませんが）。その時、時間がかかってもいいのではないでしょうか？　その時間こそが、人生の深みと広がりなのではないでしょうか？

1-5

Cultivating
The World

歴史の縦軸longitudeと横軸latitude

時間軸を認識する

オリンピック夢想　過去への憧憬は〝過去との同型〟ではない

それにしても、コロナ禍という人類に対する大きな代償を除いても、今回の東京オリンピックには、さまざまな問題が生じました。そもそもの誘致合戦から、国立競技場のデザイン、エンブレム、組織委員会の人選、セクハラ、過去の闇行為、人権への希薄さ、お金、広告、利権、政治……そんなあらゆる膿が出まくっているオリンピックです。

以下のツイートは、開催直前の音楽担当の小山田圭吾氏の辞任と、演出担当の小林賢太郎氏の解任の時に私がつぶやいたのですが……。

多分、誰も、何も、配慮して決めてないんだよ。こういうこと、会社でもよくあった。

多分、みんな無自覚に、ずるいんだよ。で、それがたまたまうまくいってると、たまたまいい感じなんだけど、歯車が狂うと、どんどん狂っていく。このオリンピックは、そんな日本という社会の閉塞感の顕現なんだ。（2021／7／19 Twitterより）

東京オリンピック、、むしろ否が応でも、いやが上にも、今までの日本の問題点のさまざまな膿を炙り出すために、設定されたものなのじゃないだろうか、という気がしてきた。僕らの変わるタイミングがどどーんとやってきてるのじゃないだろうか。（2021／7／22 Twitterより）

つまり、この現代日本のあらゆる閉塞感が、もう詰まって詰まって煮詰まって、もうどうしようもないところまで満ちてきて、そんな膿が一斉に吹き出して来たのが、この東京オリンピックなんだと思えて仕方がないのです。

でも、そう言ってしまえば、この膿の吹き出しは、やはり日本という身体が健全に変わるために必要な現象なのかもしれないとも思えるのです。過去の問題点が炙り出される、それは〝過去への憧憬〟ではなく、未来がもはや〝過去との同型〟ではないことを意味しているんだと思うのです。

アテネで、リオで、東京で

私はオリンピックの開会式が大好きです。そのきっかけは、２００４年のアテネオリンピックの時に、実際アテネで開会式を見たことです。

その当時ＴＢＳテレビの人気番組『金スマ』のチーフディレクターだった私は、ＭＣの中居正広さんがオリンピックのＴＢＳのキャスターをやることになって、その縁で大竹しのぶさん、飯島愛さん、篠原涼子さんと、その中居くんに会いにいくという企画をやることになりました。

初めて生で見るオリンピックの開会式は、その演出があまりに素晴らしくて、まさにギリシャ哲学から現代に続く歴史を描いたパフォーマンスから、ビョークのライブもあり、強烈に私のクリエイティブライフに影響を残したのでした。

つまり、いつかこういうエンターテインメントの演出をやってみたい！

それは今までやってきたテレビ番組の演出を通り越して、もっと実地な、もっとリアルなプロジェクトをやってみたい！と思ったきっかけになったのでした。

ちなみにそれまでのオリンピック開会式体験はＮＨＫの中継を見ることくらい。そしてその中継って、「今、花火が上がりました（見てればわかるちゅーねん！）」的なある意味いらない実況が挟み込まれますよね。つまりこれは、あくまでスポーツイベントの中継って容態でしかなかったわけです。だから私もむしろ選手の入場と、聖火の点灯くらいしか興味がなかったのでした。

でも実際にその会場で式典を見ることで、むしろ開会式の演出こそ、その開催国の歴史とアートへの理解と興味の深層が垣間見られると知ったのです。まさにエンタメの質は、その国の文化の質をもっとも顕現させるものなのです。

それから、開会式マニアになり、２００６年のトリノオリンピックのＦ１カーがくるくる氷の上を回って五輪のエンブレムを描く演出や、２００８年の北京オリンピックのマスゲームと儒教の融合の演出や、現代美術家の蔡國強氏の花火の演出、２０１２年のロンドンオリンピックの産業革命を描いたパフォーマンスやジェームズ・ボンドがエリザベス２世女王陛下をエスコートする映像、そしてポール・マッカートニーのライブなど、私には、もう眩いエンタメ性にノックアウトされ続けて、開会式のブルーレイディスクを購入して集めているくらいなのです。

そして２０１３年。２０２０年の東京オリンピックへの誘致が決まりました。私は２０１１年の東日本大震災を契機に、２０１２年の夏から、今までのテレビの枠（フレーム）に縛られない、もっといろいろ、まさにバラエティにあらゆることをやっていこうと進む時期だったのです（それが２０１６年末のＴＢＳ退社につながるのですが）。

そんな折に沸き起こった２０２０年の東京オリンピックの開催。当時43歳になる私は、７年後の自分を考えて、ちょうど２０２０年に50歳になる自分が、なんとかオリンピックの開会式の演出に関われたらいいなーとか、当時周りの人には吹聴していたのでした。

そして２０１６年のリオオリンピック。

その年の7月に会社に辞表を出して有給休暇消化中の私は、閉会式で次回開催の東京を紹介する演出をテレビで見た時、当時思ったことをブログに次のように書いているのです。


「リオオリンピックが終わって想うこと」

リオオリンピックが終わった。月並みな感想だけど、とてもワクワクしたし、感動したし、素晴らしかったと思う。

それは、スポーツだけでなく、なんでもそうだけど、何かに頑張っている人を見ると、人はワクワクするし、感動するからなのだ、と思う。

翻って、オリンピックの時、毎回僕が想うことを書こうと思う。
①始まる前は、競技場の建設間に合うのか？治安はどうなのか？財政破綻は？みたいなネガ報道ばっかり。でも結局間に合ってるじゃん。2年前のブラジルW杯でもそうだった。結局、何かことを起こそうとする時、ネガティブな情報を踊らせたい人たちがいる。でもそれって、もうよくないか？
②オリンピック開催に反対の人がいる。これはみんなそれぞれの意見があるわけだから一向に問題ない。ただ僕は想うのだけど、その人が特に、何かを生み出したりコトを起こそうとしている、エンタテインメント系職業の人ならば、他者が何かを生み出したりコトを起こそうとすることを、反対するのはなぜなのだろう？

僕はそこがピュアに分からない。

だって、もしその人がそれに反対するならば、翻ってその人自身の何かを出すエンタメ行為だって、反対されるかもしれないのだよ。「そんなくだらないこと止めろ」って言われるかもなんだよ。

例えばある映画監督が、オリンピック反対だとする。だとしてその映画監督が「あなたが映画を撮るのは反対です。」と言われたならばどうだろう？　嫌じゃないかな？　中身でとやかく言われるのはともかく、それ以前に「お前が映画撮るのは反対！」ってそんなひどい話はないと思う。

前の東京オリンピック無かったら、市川崑監督のドキュメンタリー映画だって産まれなかったわけですよ。

当然スポーツ競技自体に人生をかけている人がいる。彼らのためのオリンピックであるのは間違いない。でもそれと同等にオリンピックってエンタテインメントな行為なわけだ。だから少なくとも他人のエンタメ行為を否定するいわれはないと思う。その出来に否定的な感想を述べることがあるのは当然だし、多額の費用がかかるわけだからいろいろ議論が起こるのは当然だ。むしろいろいろ議論すべきだと思う。でも開催反対って言っちゃったら、それは結局ナニモノも産み出せなくなってしまう。僕はそれがすごく嫌なのだ。

無駄なエンタメなんてないと思う、なぜなら多かれ少なかれエンタメは無駄だからだ。でもその無駄こそが一番の人類の宝だと想う。

③リオオリンピックの開会式素晴らしかった。でもそれはリオだけじゃなく、開会式はいつもすばらしい、この前のロンドンだって、北京だって、アテネだって、開会式は本当最高のエンターテインメントだ。（私は開会式マニアでＤＶＤ買ってるくらい）

④そして次の東京オリンピックの開会式は一体だれが演出するのか？心配だ！みたいなコメントをよく見た。はっきりいって私も実は不安があった。

でも今日の閉会式の、日本紹介パートを見て、その不安は全然消えちゃった。むしろ感動して、すごいエンタメだと思った。知り合いの方も参加して作っていてあんな素晴らしいパフォーマンスを企てていたなんて、脱帽です。

というか、オリンピックに限らず、私の知らないところで、いろんな人ががんばって、いろいろ考えて、おもしろいエンタメを日夜いっぱい生み出し続けているわけだ。そこをいちいち心配している暇などないのだ。　僕はシンプルに思った。

「そんなことより、お前も生み出せばいいんだよ！」

僕もひたすらがんばって、自分が生み出したいものを生み出すしかないのだ。

そこに気づかせてくれた、リオ・オリンピックだった。

（角田陽一郎 Kakuta Yoichiro Official Site [DIVERSE]２０１６／８／22より）

夢想よ満ちよ、未知を進めよ

こうして、やってきた２０２０年。ＴＢＳを辞め、フリーになって4年目の私は、当然オリンピックの開会式の演出に関わるなんてことは全くなく、それどころかチケットの抽選でもかすりもせず、スタジアムでせめて開会式を見たいなんて夢も儚く消えていた。

でもそんな感じでこの数年思っていたのは、この東京オリンピックが開催されて、終わった頃にちょうど50歳になる私は、なんていうか日本との関係の終焉なんだって、これからは欧州に移り住んで、世界に向かって行こう！　その日本の見納めに東京オリンピックをテレビで観戦して、日本も見納めにしよう！　なんてことを思っていました。

そしたらその年の初めに新型コロナが襲ってきた。そして1年の延期が決まった。２０２０年の夏には、50歳になり、父が亡くなり、ちょうど信頼していた友人も去り、２０２１年を迎えたのでした。

そして、冒頭で述べた、さまざまな不祥事の、日本の闇の顕現。そんな充ちるタイミングでの1年越しの東京オリンピックの開催。開会式をテレビで見ながら、なんか私の、私個人の日本への、演出への淡い想いも、なんか満ちたのでした。私は、この1年間のコロナ禍の延期の期間は一体なんだったんだろう？　ってふと考えたりします。

もしかしたら、２０２０年に開会式を私が演出していたかもしれない。

もしかしたら、２０２０年に父と一緒に開会式をスタジアムで観ていたかもしれない。

もしかしたら、日本を去って、今頃は友人と欧州で活躍していたかもしれない。


そんなパラレルワールドの夢想をしたりもします。きっと何某かのきっかけで、この世界の軌道の分岐点がガシャンと変わったんだと思うのです。幻想した場所ではなく、夢想した未来でではなく、私は、現実の歴史を過ごしていきます。

あらゆる、夢想よ、想いよ、満ちよ、充ちよ。

そして、新たな道を、我よ、あなたよ、未知を進めよ。

第2章

教養としての地理

私が地理を教養する時に持ち出す考え方が地理思考です。

つまり地理思考とは、地理だけでなく人生の行動まで含めていろんなことを演繹的に帰納的に空間把握のように考えてみようという、拙著『人生が変わるすごい「地理」』で提唱した思考法です。

私が行っているテレビ番組制作で言うと、ロケハン段階でさまざまな外部環境に自分を接触させて、そこからくるインスピレーションが、次第に具現化されて実際に実行されてロケ収録が行われる演繹的な側面があります。そして逆の帰納的な視点にたてば、そのロケをうまくやるために、さかのぼって入念にロケハンという下準備をするという行為を導く際の思考法だとも言えます。

何かまわりの環境と自分が触れた時に、その環境をどう感じるか？どう体験したか？どうその後の自分が影響されたか？そしてそれが自分の人生をつくっていき、やがてそれが自分の周辺や社会や世界、つまり環境にまで影響していく……情報と体験のフィードバックを自分と環境の間でインタラクティブに繰り返すことが、自分の人生の達成感や充実度を増す教養なのだと思うのです。

人類は、誕生以来、常に環境との因果応報＝地理を学ぶことで、進化・発展して来ました。

つまり、その人類と地理の関係を学べば、そしてその地理から授かった環境への知見をあなたの人生にフィードバックすれば、あなたの人生の成功の鍵を手にいれることができます。

つまり、地理思考とは、現在の孫子の兵法とも言える、最強の人生の教養になるんだと思うのです。

地理という教養は単に地名とか用語を正しく覚えることだけではなく、それらの事項に関する論理的な裏づけをもっています。

あるいは相互に有機的な関連性を持った情報がストーリーとなって頭に入ってくるのです。

つまり、地理思考とは、知っている情報を軸に、それをさまざまに応用することにより、知らないことを推定し、自分の次の行動に投影する思考法なのです。

自分はどの知識を使え、どの知識を使えなかったのか？

本当に知らなかったから使えなかった場合と、自分にはこういう知識もあった、またこういう知識もあったんだけれども、それを有機的に結ぶつけることができなかったから使えなかったという場合があります。

例えば、赤道が通っているところは世界に3箇所。アフリカ、東南アジア、南米。

地理マニアや地理おたくになる必要はないですが、これくらいのことを知っていると（知らなくても生きていけますが）、アドバンテージが増え、日常も楽しくなります。

それでは、地理を巡る空間散策に参加してみましょう！

2-1

Cultivating
The World

そうなっているのは そうなっている理由がある

地理思考を身につける

地理思考で知を智にする

私たちの人生は、自分の力でどんなに切り開こうとしても、周りの状態＝環境に常に左右されます。その呪縛からはのがれられない。つまり人生を斬り開くためには、どう環境と自分を合致させるか？　がもっとも大切な鍵になりますよね。

ほとんどの人生で起こることは自分の思い通りにはならない。若い時には若いという理由で、歳取ると歳取ったって理由で。ぺーぺーの時はぺーぺーという理由で、偉くなっても偉いんだからという理由で。お金が無くては思い通りにできないし、お金があってもお金じゃできないこともあるし。

そうあなたが思ったのならば、そんな思い通りにならない環境のお手本があるのです。

それは地理。ならば、私たちは、地理から学んだことを、今度は自分が所属する環境にもアウトプットして、そのフィードバックを体験する必要があるのです。

大部分の優秀な人は、人生で学んだ知性を、例えばクイズを解いたり、感想を言ったりすることにしか使っていません。それはもったいないのです。

私が尊敬するリベラルアーツ研究家の麻生川静男さんは次のように語っています。

「現代日本に見られる欠陥の一つは、偏差値信仰のせいで智（wisdom）より、知（knowledge）を過剰に評価する点にあるのではないだろうか。人が人として生きていくのに必要なのは、知ではなく智であるべきだ。知は大脳皮質の表面だけの能力を示すのに対して、智は大脳の奥底から湧き上がってくる「叡智」、つまり脳力の総和を示す、といえるからだ。」（麻生川 静男『資治通鑑に学ぶリーダー論』河出書房新社）

地理思考とは、まさにこの人類の叡智とも言える、世界の至る所での営みから学び得る人類の智の総和なのです。

21世紀も20年以上経って、自然でも社会でも世界でも日本でも私たちの想定外のことがいろいろ起こり始めています。私は、大人になれば未来になれば、わからないことが減っていくのだと子どもの時には思っていたのですが、実際に大人になって21世紀になって、むしろわからないことがどんどん増えていってる気がするのです。

それは自分自身の問題なのでしょうか？ はたまた人類全体の問題なのでしょうか？

子どもの頃には薄々わかっていたその境目すらも、もはやわからないのです。

つまり世界はそんな未来に突入したのです。

だから今までの「こうだったからこうしよう」、「こういう時はこうすべき」的な決まりや発想や生き方に沿ったメソッドは最早悲劇しか生まないのです。一人ひとりが自分自身でその都度その都度、環境の変化に順応し、環境の変化に即応するしかありません。

そして、そんな環境の激変に呼応して、私たちの日常の仕事や生活も、まさにいろいろな業界でかつて力を持っていた既存の組織の権力と圧力が急速に薄らいでいます。今までだったらその組織の権力で封じ込めていた個人への理不尽さが、露わになってきています。

つまり、皆さんの周りの環境の変化が一気呵成にあなたを襲っているのです。

それを見知った時、一人ひとりがどんな所感を持ちどんな行動を取るか?

その総体がこれからの環境の新しいあり方を形作ると思うのです。

「では世界はどうか？ ロシアのプーチンは？ 中国の習近平は？」

私たちは他人のことをほとんど理解できないのは、そもそも当たり前なのです。

なので私たちができることは、お互い理解できるように努めようと、思い続けることしかできないのです。なので相手の言動がどうしても理解できないと思ってしまったら、その時点でその人との関係性は終わることを意味します。

つまり、そうならないためにも私たちは他者を知る必要があるのです。

他者……皆さんの身近の人だっていろんな人がいます。さまざまな考え方や、心情、趣味趣向、行動指針、それこそ千差万別です。

でも、その人がそういう考え方になったのも、その人が今まで置かれた環境との接し方の中で、培われたノウハウや経験が左右しているからなのです。

ならば、そんな相手の言動を理解する上での、私たちは相手が所属する環境を学ぶ必要があるのです。

声高に自分の論を主張しても、多分そういう論争になりがちなことはだいたい半分くらい正しくて半分くらい間違っていると私は思います。それが51対49だと正解で49対51だと不正解とされてしまうような、微妙な違いなのです。なので大事なことは自分がたまたま51の方だとしても49の方にも耳を傾けることじゃないだろうかと強く思います。

人類は常にその時どう行動するのが一番自分が生存しやすいか？という価値判断でその都度選択してきたのです。

ただ、問題なのはそれが常に最適解であるとは限らないことなのです。

地理と自分の人生を接続する

私自身の人生にとって地理思考が必要だと思ったきっかけが、ＴＢＳテレビに入社して２度ほどあったのですが……その経験を述べたいと思います。

ひとつはＡＤ（アシスタントディレクター）からディレクターに昇進する１９９６年の26

歳の時、『さんまのスーパーからくりTV』の担当時でした。

通常は入社して制作局に配属されると各番組に所属して、ADというかなりハードできつい修業期間をやらされることになります。そして私も『からくりTV』のADを仕切るチーフADを務め、いろいろ演出を学んで、時々ロケのディレクター的なことをやってさらに経験を積んで、通常は3～4年くらいでディレクターになるのですが、もうそろそろディレクターに昇進かという時期のちょうど3年目の時、昇進を判断するその番組のトップであるプロデューサーにこう言われたのでした。

「お前はディレクターにもうなれる力があるし、ディレクターのセンスもある。けれどディレクターにすることはできない。なぜならお前の後輩が仕事ができなくて、お前の代わりにチーフADをまかせられないから」

私はこのことにものすごく納得がいかなかったのです。自分の才能がないから、もしくは自分が頑張ってないから、自分がディレクターになれないのならばまだ納得はいきます。

しかし自分が頑張っても、自分のどうすることができない巡り合わせでディレクターになれないのなら、一体どうやってディレクターになればいいんだ？　これからどういうモチベーションで働けばいいんだ？？

それまでの学生時代までは、おおむね自分が頑張ったら頑張ったぶんだけ成果を享受できました。できないことがあっても、自分がその問題点を把握してさらに頑張れば、できるようになったのです。つまり自分がまだできないことは頑張ればできるようになると、ある意味愚直に頑張ってきた人生だったのです。

そして会社に入ってもそれを信じてつらいＡＤという修業期間を我慢して頑張ってきたつもりです。でも自分の所属している環境の中で、自分の頑張りを許容しないという瞬間に、この理不尽さには到底納得ができなかったのです。でも今から思うと、そんなことは誰の人生にだってたくさんあるんですよね（読者の皆さんも経験されてますよね）。私にとっては、まさにそう気づいた〝きっかけ〟でした。

その後、もう１年チーフＡＤをやって、やがて新たな後輩が入ってきて、私は入社４年目でディレクターにようやくなれたのでした。当時はその遅れた１年に歯ぎしりをしながら地団駄を踏んでいましたが、今思えばさらに臥薪嘗胆した１年で私は、ディレクターの演出力や才能や、それこそ一番大事な力＝忍耐力を磨けたのです。

自分の環境からくる不幸に負けない。

むしろその環境を受け入れた上で、自分がどう生きるか？　を考え実行する。

そしてその行動が自分のさらなる特性や能力になる。

……そんな地理思考的な発想が浮かんだ瞬間でした。

２つ目は２００１年の31歳で、今度新しく始まる『中居正広の金曜日のスマたちへ』のチーフディレクターを拝任した時でした。私は『さんまのスーパーからくりＴＶ』も続けたかったので、新番組『金スマ』と『からくりＴＶ』の２番組を掛け持つことになったのです。

当然番組ごとにスタッフルームがあるので、席を2つ持つことになりました。

当初はこの番組のスタッフルームはすぐそばにあったので、私はどちらの席にも顔を出し、忙しいながらも掛け持ちもうまくいっていたのですが、しばらくして会社内の引越しでスタッフルームが地理的に離れてしまったのです。必然的にどっちかの席にいることになり、私は結果『金スマ』の席に多くいるようになりました。すると徐々に『からくりＴＶ』での担当仕事がなくなっていったのです。テレビ番組は毎週毎週放送があるので、日々ロケに出ていて瞬間瞬間でハプニングや変更が結構あります。

なので、その場にいるスタッフを集めて、その場で話し合いをして決めることが多いのです。つまりその番組に名目上の籍はあっても、その番組のスタッフだという意志があっても、その場所に物理的に居なかったのなら、その瞬間の話し合いには参加しないことになり、実際のコミット量が減ってしまうのでした。

こうして半年後には、私はチーフＡＤの頃から在籍していた『からくりＴＶ』から外れることになるのです。

この時、私は思ったのです。地理的に近いところにいないと、その人のコミットメントや影響力は減ってしまうのだと。理念や制度以上に物理的に近くにいることが大事なんだと。

そしてその瞬間、私はパキスタンとバングラデシュの2国のことを突然思い出したのでした。この2国は第二次世界大戦後、１９４７年に英領インド帝国からひとつの国パキスタンとして独立します。ヒンドゥー教徒が多いインド共和国と、イスラム教徒が多い東西の地区がひとつのパキスタンとして。しかし東西に別れたパキスタンは、同じイスラム教徒であってもうまくいかず、やがて1971年に東パキスタンがバングラデシュとして再び分離して独立するのでした。

私は席が離れたことで、2つの番組の掛け持ちができないことと、このバングラデシュの分離独立が同じことなんだと思い知ったのです。

これが私の中で『地理思考』という概念が誕生したきっかけでした。

こういう風に自分の人生に実際起こるさまざまな環境要因は、まさに世界的にも起こっているのではないでしょうか？

ならば世界的な地理的事象を鑑みれば、むしろ逆に自分の人生にその事例をフィードバックできるのではないでしょうか？

皆さんも、自分の人生のプロセスを地理的に思考してみるのはいかがですか？

環境と技術で都市は生まれ変容する

世界中の土地には、さまざまな環境の違いがあります。民族的な差異や地域的な差異とは、そんな環境の多様性や地域と国の文化基盤に根ざしています。

環境の違いとは、山や海、そこに流れる川、さらに湖、砂漠、草原、そこから獲れる天然資源などの物理的な違いがあります。さらにその土地に住む人の宗教や文化、農業、住んでいる人の人口、隣国との関係、それらもすべてその地理的な違いから派生して地理的要因になるのです。

つまり〝そうなっている〟のにはワケがあり、そのワケが、その土地や人々のキャラクターという新たなワケをつくるのです。つまりワケが重なりあうことで、〝そうなっている〟キャラクターも刻々と変化していくということです。

地理思考とは、そんな重層的な環境の違い＝地理的要因から、実際にどんな風にその人たちのキャラクターの違いが刻々と変化していくか？を知る教養です。

それには柔軟な発想と関連性に思いをはせることが肝要です。

例えば、自然の対立概念に人工がありますね。ちなみに自然は英語でnature。人工は英語でart。つまり〝かつら・毛髪製品メーカー〟の〝アートネーチャー〟は、人工の自然って意味なんだなって思うと、なかなか本質をついたネーミングなんだと感心します。

自然とは、なるべく人の手が入ってないもの。人工とは、逆に人が手を加えたもの。

地理的環境とは、その自然に人がどれだけ手を入れたものなのかという、それこそアートネーチャーなものなのかもしれません。

例えば、なぜ都市にカラスは住むのでしょうか？

それは、森には天敵のフクロウがいるからです。フクロウより弱いカラスにとっては、森にいることができないのです。いろいろな食物を与えてくれるのが自然＝森ですから、つまりカラスにとっては人工＝都市こそが森なのです。

アートネーチャー感覚で言えば、フクロウのいない森を都市と呼ぶことができます。

森と都市を対立概念で捉えるだけでなく、栄養供給源と考えると同値であると捉えることもできるという一例です。カラスではないですが、人がその土地に住むのは、そこに住む理由があるから住むのです。そして人が集まるとそこに都市ができます。都市のことをもともと、中国では「城市」と言います。

つまり、都市の中に城があるというより、そもそも都市自体が城なのです（これはヨーロッパでもそうですね）。敵国や異民族に侵入されないように、街全体を城壁で囲みます。

一方海に囲まれている日本は戦争も敵国や異民族に侵入されることより、その土地の陣取り合戦の様相が強く、街道を閉鎖しやすい山険に建てられた砦を意味する山城が主でした。それが戦国時代が終わり徳川幕府が成立したことにより、経済的中心都市の中での大名の居住地としてつくられる平城が多くなります。

つまり、都市全体を城壁で囲う構造は日本では生じなかったというわけです（むしろ戦国時代の一向宗の石山本願寺が、堀や塀で囲んだ寺内町の機能を果たしていて、それが本来の意味での城の役目を担っていたとも言えます。その場所にのちに豊臣秀吉がつくったのが大坂城です）。

つまり、城はもともと〝じょう〟と読む都市という意味の漢字で、私たちが考える〝しろ〟の意味ではなかったのです。

日本で最初に造られた首都としての都市は、中国の長安を模してつくられた平城京です。それは大和国、今の奈良です。

ちなみになぜ日本はヤマトとかつて呼ばれたのか？

そのころ大陸の中華王朝にとっては、ヤマトから来ている者たち＝平城京をつくった天皇家を中心とする豪族たちが日本人だったからでしょう。そもそもその頃の日本人は自分たち自身を日本人と認識してなかったわけですから、正確に言えば、ヤマトの人たちが後に日本人になるわけですが。

私たちは現代でも、そのもののことを、そのものの場所や地位で通称で呼びますよね。田中社長を田中さんと呼ぶこともあれば、社長とただ地位で呼ぶことが多いです。

政治界隈のことを永田町と言いますし、官僚のことを霞ヶ関と呼びます。それは国会議事堂や自民党本部が永田町にあるからで（共産党を所在地で呼ぶ時、代々木と呼んだりします）、官庁が霞が関にあるからそう呼ぶのです。

ちなみにロンドン警察は通称スコットランドヤードと言います。

それはスコットランドと関係があるわけではなく、警察がスコットランドヤードという庭園の近くに位置するからそう呼ばれているのです。同様に日本の警視庁も桜田門と言われたりします。それも桜田門と警視庁に関係があるわけではなく、桜田門の近くに警視庁があるからです。

話を戻すと、そんなふうに首都は、何回かの遷都をしたのち、７９４年に京都に新たに平安京として造営されます。京都は当時、山背《やましろ》という国名です。山背の国とは、まさにヤマトの山の背側の国だからそういう国名だったのですが、そこに首都がやってきてしまった。首都なのに山の後ろにあるのはおかしいということで、時の桓武天皇が〝やましろ〟に〝山城〟と漢字を変え、城に、【しろ】という訓読みが後からできたのです。つまりそこから城という漢字は、私たちが普段想像する〝しろ〟になったというわけです。

そういう風に都市というのは、地理的要因に左右されつつ、機能的に発達することが多いです。そしてその機能は、時代の技術の進化で変化しますし、気候の変化で変わったりもします。

人類は、誕生以来、常に環境との因果応報＝地理を学ぶことで、進化・発展して来ました。

つまり、その人類と地理の関係を学べば、そしてその地理から授かった環境への知見をあなたの人生にフィードバックすれば、あなたの人生の成功の鍵を手にいれることができます。地理思考とは、現在の孫子の兵法ともいえる、最強の人生の教養になるんだと思うのです。

環境に自分がコミットすることが、人生です。

しかし、環境の力の方が圧倒的に大きい。

その環境と人類の阻害と受容の繰り返しが人類の営みだったのです。

つまり、そうなっているのはそうなっている理由がある。それを理解することが、地理思考を身につけることだと私は思います。

2-2

Cultivating
The World

これから世界は、日本は、どうなっていく？

新しい世界　New World

日本人ってなんだろう？　あなたの「アイデンティティ」とは？

「アイデンティティ（identity）」という英単語をご存じかと思います。

では、この言葉を日本語で言い換えると何というか、知っていますか？

実は、日本語では「アイデンティティ」という概念を1つの単語として表すことはできません。強いていえば「自己同一性」と訳されますが、どこかピンとこないですよね。

では、違った角度からアイデンティティを考えてみましょう。

アイデンティティの「拠り所」となるものは、国・民族・地域・社会・組織・団体・学校・家族など、「ある特定集団」への帰属意識です。

例えば、これらの集団のうち、あなたがもっとも好きな場所が学校であったなら、あなたのアイデンティティは学校のコミュニティにあるということです。

ところで、IDカードの「ID」とは、「アイデンティファイ(identify)」の略、つまり「アイデンティティすること」です。したがって、「自分をどこかの集団に帰属する人間だと証明するカード」(=身分証明)が、IDカードを持つ意味となります。

「自己同一性」などと言ってしまうと、何のことかよくわからなくなりますが、このように考えると、少しは「アイデンティティ」という言葉の意味が理解しやすくなると思います。

学校で習う「日本史」が日本史っぽくない

空間という地理思考で教養をとらえる上で、第1章で述べた歴史についても空間把握してみましょう。

まずは「日本史」と聞いて、皆さんはどこの国の歴史だと想像しますか？ 当然「日本」の歴史だと思うはずです。

しかし、よく考えてみてください。私たちがこれまで学校で習ってきた教科としての「日本史」は、日本という国がこれまで経験してきた、政治的、ないし文化的な出来事の記述で構成されています。

ただ、それらの出来事のほとんどは「勝者の目線」で書かれた史料に基づいているため、政争に敗れた「敗者側の事情」や、市井の文化を担った「一般の民衆」の生活などについては、あまり記されていないと言われることがよくあります。

また、政治情勢は、奈良や京都といった、主に天皇の住まわれる場所や、鎌倉や江戸など、幕府の置かれた場所を中心として記述されています。

仮に地方が扱われる場合であっても、有名な城下町などに限られています。

つまり、ごく一般の町や村が、日本史の中に詳細に描かれることはほとんどないのです。

このような記述の仕方は、どこかおかしくないでしょうか？

「日本史」と謳うからには、現在の日本を形成している地理の要素のすべてが網羅されていなければならないのですから。

しかし、現実にはそうなっていません。しかも、今はどうか定かではありませんが、私が学生だったころなどは、学校の授業の進み具合によっては、現代史を教えてもらう時間はそれまでの時代に比べてほんのわずかでした。

これでは、日本史を正確に理解することなど、できるはずもありません。そういう意味では、「日本史」とは言うものの、完全な日本史ではないと言いたくなってしまいます。

私たちのご先祖様は何人だったのだろうか？

さらに、「日本人」というものを考える際に、こんな問いを立てることも可能です。

「かつての日本に住んでいた人たちは、果たして自分たちを〈日本人〉だと認識していたのか？」

近代日本が始まったのは、明治時代になった19世紀後半以降のことです。

今でこそ日本は47の都道府県で区分されていますが、昔は上総国、三河国、信濃国、備中国、薩摩国など、「令制国」による区分で分けられていました。

おそらく、日本の歴史における大部分の時代、私たちの祖先はそのような「国」こそが「自分たちが住む地域」のほぼすべてであり、「自分の帰属している〈国〉」であるというアイデンティティを持っていたのではないでしょうか。

日本列島を統一する中央政権のもとに「自分」という存在が所属しているとは、決して考えていなかったはずなのです。

それが、19世紀半ばに明治維新が成立したことにより、日本列島という空間に暮らす人々は天皇を頂く政治体制のもと、「日本人」という帰属意識を持たされることになりました。今に繋がる「日本史」が研究され、形づくられるのはこれ以降のことですし、「〈日本人〉としての帰属意識を持つべきだという政策を諸々施した」のが明治維新の真実だとも言えます。

ちなみに、なぜ日本人は明治以降、「信濃人」や「薩摩人」に分裂せず、「日本国」という1つの国でまとまって「日本人」となることができたのでしょうか?

それは、単純な話ですが、日本が周囲を海に囲まれた島国だからだと言えます。

日本列島を統治する日本国は、決して広い面積を持っているとは言えません。世界に２００カ国近くあるうち、面積のランキングは61位です。しかし、日本が有する「島国」という特色は、他の国がほとんど持っていない、特異なアドバンテージです。

その国の支配権が及んでいる海洋のことを「排他的経済水域」と言いますが、国の四方を海に囲まれている日本は、「領海および排他的経済水域の面積」でいうと、なんと世界で6位にランキングされるのです（体積でいうとさらにランキングが上がり、世界4位になります）。さらに、日本は海岸線が異常に長い国でもあり、こちらも世界6位とされています。

これらのことから考えると、日本はまさに世界有数の「海洋国家」です。

そんな地理空間を持つ日本は、幕末、ロシアやアメリカという外国からの侵略に直面した際、内側でまとまりやすい特徴を持っていたのです。

もしも、日本がユーラシア大陸の内陸にある国だったならば、十数年前のアフガニスタンのように、国内が信濃人、薩摩人、土佐人など、郷土ごとに分裂していたかもしれません。

このように、日本にとって海とはそれほど重要な地理的要素です。にもかかわらず、日本人の多くはこの事実にあまり意識を向けていないのが現実です。竹島や北方領土の問題に国民の関心が薄いのも、この意識の低さに起因するものなのかもしれません。

信長や龍馬は縄文時代を知っていたのか？

さて、日本史を再び地理という教養でひも解いてみましょう。今度は、先史時代からたどってみることにします。約20万年前には、現在生存している人類（ホモ・サピエンス）の共通の祖先が、東アフリカの大地溝帯と呼ばれる場所にいたといわれています。

人類は狩猟や採集をしながらアフリカを離れ、世界各地に移動を続けました。その頃、地球は寒冷化しており、今いる場所が住みにくくなると次の場所を探して移動していたといいます。それを何世代にもわたって繰り返した人類は、アフリカを飛び出して、中東、ヨーロッパ、東アジアへと旅することになりました。

その頃になると、地球は氷河期を迎え、海水面が現在より約13メートルも低かったといわれており、シベリアとアラスカは地続きでした。日本も例外ではなく、中国大陸や朝鮮半島とは地続きで、日本海は湖でした。だから、中国大陸から日本へ渡るのが容易だったのです。

こうして人類が日本へたどり着いたのは、旧石器時代と呼ばれる約４万年前のこととされています。朝鮮半島、沿海州、サハリン経由で、西や北から原日本人となる人々が渡来してきました。

また、沖縄県では１万８０００年前のものとされる人骨が発見されたことがあります。その人骨はインドネシアのワジャク人のものと似ていることから、彼らが南方から海を渡って日本列島へやって来たとも推測されています。旧石器時代の人々は、季節ごとに動植物を狩猟採集するため、絶えず移動していたと考えられています。

そんな移動先の１つが日本でした。

そこは温暖湿潤な、言うなれば快適な場所でした。狩猟や採集をするにはまさにうってつけの場所です。そして、そこに留まった人びとが最初の日本人となります。

この頃の時代を先土器時代と呼びます。なぜ先土器時代と呼ぶのかというと、その後の時代を「土器が発掘された」ことから「土器の時代」と定義したからです（土器の前の時代だから先土器時代って、実はそれは何も説明していないことと同じような気がしますが）。

土器の時代は縄文時代と弥生時代とに分けられます。縄文式土器の命名者はアメリカ人の動物学者エドワード・S・モースです。１８７７年、東京の大森で彼が発見した貝塚から出土した土器に縄でつけた文様があったことから縄文式土器と名付け、その土器をつくっていた時代だから縄文時代と命名されました。

縄文時代は約1万５０００年前から約２３００年前（紀元前3世紀頃）までの、結構長い時代を指しています。それを私たち日本人が意識し始めたのは、モースが大森貝塚から縄文式土器を発掘してから数えて、１５０年も経っていません。

言うなれば、日本史の中で一番長い時代であるにもかかわらず、織田信長も徳川家康も坂本龍馬も、縄文時代を知らなかったということです。

この些細な事実に気づくことが、地理を教養する時には重要な要素となります。

縄文時代に続く、紀元前3世紀から3世紀頃まで、日本史で2番目に長いのが弥生時代です。この時代名は、これまた東京の、現在東京大学のある文京区弥生で１８８４年に土器が発掘されたことが由来です。

あれ？　弥生から出土した土器を弥生式土器と呼ぶのなら、縄文式土器も本来ならば大森式土器と呼ぶべきですよね！　もしそうなっていたら、縄文時代は「大森時代」と呼ばれていたかもしれません。さらに言えば、弥生式土器が初めて発見された場所が渋谷なら、「渋谷時代」と呼ばれるようになっていたのでしょうか？

興味は尽きませんが、このように歴史用語をアレンジして考えてみるのも、教養なんだと私は思います。このように考えを巡らせることによって、固定された思考が少し揺らぎ始めるのです。

自分とは異なる時代に生きた人が、その時どう思っていたか？

どこまで知っていて、何を知らなかったのか？

何を当たり前と感じ、何に違和感を覚えていたのか？

これらを考慮に入れず、現代に生きる私たちが、私たちの目線や常識でかつての時代を判断すると、だいぶ歴史を曲解してしまう危険をはらむような気がします。

これから日本を教養として捉えていく時、まず私たちは、その当時に生きていた人々の気持ちになって、思考を巡らせてみる必要があるでしょう。

そして、思考を古の時代から現代へとタイムスリップさせた時に、今までとは違うあなたなりの日本人の捉え方ができるかもしれません。

それが、私たちが地理を教養する上での、一番の本質なのだと思います。

2-3
Cultivating
The World

ナショナリズムとは何か？

ナショナリズムを超える

ナショナリズムの4つの意味

18世紀末のフランス革命の理念「自由・平等・博愛」はヨーロッパ中にナポレオンの拡大戦争によりやがて各地域に広がりました。その理念は各国の人々に国民国家（ネーション・ステート）という「統合」を目指すことを気づかせたのです。

「一つの地域は、一つの国家として統合させよう！」という考え方です。一つの国民国家に住む人々が、その国の国民ということです。

人々は革命を通じて、国民というアイデンティティに気づいたのです。そのアイデンティティをナショナリズムと言います。日本語訳だと「国民主義」。ある地域に住む人たちが、「共通の文化・伝統を持つ自分たちは、共通の政府を持つべきだ」と考えるようになったのです。しかしそれならば「一民族＝一国家」という体制に統合されるのが自然のはずです。でも一国の中で、各民族が争っている国が現在でも数多くあります。

なぜなのでしょうか？

それは19世紀のヨーロッパ諸国の帝国主義的欲望＝世界の植民地化により、彼らの都合で国家が統合され、その最中に一民族が分断され現在の国家にされてしまったことが大きな要因です。

そんな不自然に統合された国家の中で人々が感じるアイデンティティは、国ではなく民族にあることが非常に多いのです。その場合、ナショナリズムとは「民族主義」という意味になります。イラク・シリア・トルコという国家に分断されてしまったクルド人が典型です。また多種多様な民族がそれぞれのアイデンティティを抱えているにもかかわらず、その国家が無理やり1つに統合されているケース、中国内部のチベット問題など、各地での分離独立問題などはそのケースです。

このようなケースでは、ある民族が他民族を従えてその国を国家として1つに統合すべきだという「べき論」で主導しようとします。その場合ナショナリズムとは「国家主義」となり、それが極端に走ると、「我が国家は他国家よりもすぐれている」という「国粋主義」になるのです。

つまり、ナショナリズムは国民主義、民族主義、国家主義、国粋主義という混同しやすい概念を内包した言葉なのです。たくさんの意味を持ってしまっているのです。

19世紀に進んだ各地域での不自然な統合が、現代世界で頻発する国家間の紛争や各国内での民族対立などの、ナショナリズムという名の混乱を現在まで引き延ばしているのです。

地理とは戦争の記述と言い換えることもできます。過去には、あらゆる時代、あらゆる場所で数々の戦争が行われてきました。現代の日本を生きる私たちには実感が沸かないかもしれませんが、むしろ戦争のない状態の方が珍しいのです。

現代の日本人は、長年戦争を直接経験しない珍しい時代を生きています。そんな私たちにとって戦争を理解することはとても難しいことなのかもしれません。

そもそも戦争とは何なのでしょうか?

20世紀に入ると、世界分割を一応完成させた列強諸国は、自分たちの利益を最大限にするため合従連衡を繰り返し、やがて大きく2つに分かれます。

イギリス・フランスなど先に世界分割をした側＝既得権益連合とドイツや日本などの後から世界分割に参加した側＝新規獲得連合です。この二大陣営で、やがて新規獲得側が勢力圏を一気に逆転させるための既定秩序のガラガラポンを画策します。それにより起こったのが世界大戦です。

ガラガラポンは20世紀に2度行われました。

ドイツが英仏主導のヨーロッパ主導による既存の世界秩序の反転をめざしてチャレンジし

た１９１４年の第一次世界大戦と、それに失敗した敗戦国ドイツの１９３９年の再チャレンジ。そのドイツと組んで欧米主導のアジア秩序の反転を目指した日本が１９４１年からチャレンジした第二次世界大戦です。

この世界大戦は、ガラガラポンをしかけた方が負けました。そして負けたことで、チャレンジャー側が思い描いた新秩序に世界がなることはありませんでした。

しかし、それまでの旧秩序が維持されたわけでもなく、全く新しい方向に世界が再編されていくのです。列強が築いてきた植民地では、各民族が次々と独立を果たし、国民国家を形成していくのです。戦争とは勝ち負けにかかわらず世界を再編していくアクションであることを知っておくのは、は地理思考における重要なポイントです。

今のところ、第三次世界大戦はかろうじて行われていません。

それはなぜなのでしょうか？

20世紀の戦争は、今までの戦争とは次元の違うものとなったことが主な理由だと思います。それまでの戦争は、戦闘地域で戦闘のプロが行う限定的な争いが多かったのですが、市民革命により成立した国民国家から国民軍が生まれます。

国民軍の誕生は、国民全員が戦争に参加することを意味しました。非戦闘員も戦争に組み込まれ、産業革命により誕生したさまざまな技術の発達で生まれた武器・軍艦・戦車・飛行機などの大量殺戮兵器が次々とつくられ、大量に使用されたのです。

それまで「他人事」だった戦争は、大量動員と大量殺戮が必要な総力戦＝「みんなの戦争」になったのです。全員が戦争の当事者で全員が戦争の被害者ということです。

第二次世界大戦は、究極の大量破壊兵器・原子爆弾が2つ使われ、1945年8月に終結しました。戦争被害のあまりの大きさに世界は愕然とします。それ以上の大戦は世界の滅亡を意味するということに、人類はかろうじて気づいたのです。

その後核兵器は何度か使用を議論されたものの、現在まで使われていません。むしろ核兵器を使用させないために核兵器を保有するという核抑止力の理論が起こります。ひとたび戦争を仕掛けたら、仕掛けた側も強烈なカウンターパンチを食らうからです。

矛盾するようですが、あまりにも強力な兵器＝核を持ったことで、ガラガラポンを目論む世界大戦はとりあえず起こらなくなったのです。ここに興味深い数字があります。

《軍人と民間人戦死割合》

・第一次世界大戦＝軍95％民5％
・第二次世界大戦＝軍52％民48％
・朝鮮戦争＝軍16％民84％
・ベトナム戦争＝軍5％民95％
・イラク戦争＝軍3％民97％

先に述べた〝みんなの戦争〟という概念が如実に表れている数字です。

「人を殺さないために、より多くの人を殺す」

現代の戦争では9割の民間人の死をともなうのです。

さらに近年は無人兵器の開発、さらにＡＩを使って、独自に戦闘するか否かを判断させる段階に戦争は進むかもしれません。そうすると無人兵器が攻撃するのは、より民間人になる可能性もあるのです。

感情の戦争

皮肉なことかもしれませんが、第二次世界大戦で原爆が使用された当事者の日本は、その恩恵にあずかったのか、１９４５年以来77年以上戦争をしていません。でもそれは、私たちが戦争を他人事ですませていたとも言えるのです。

そしてこれからの日本はどうなるのでしょうか？

再び自分たちの戦争を行うのでしょうか？

２０２２年には、ロシアが隣国ウクライナに軍事侵攻をしました。

今までのように他人事ですませられるのでしょうか？

少なくともその岐路に立っているのが２０２３年の日本の状況です。

《世界の国家間紛争の例》
・ロシア、ウクライナ
・日本、韓国、北朝鮮、中国
・トルコ、ギリシャ
・イスラエル、アラブ
・アラブ、イラン

こうして見ると、対立の理由はさまざまですが、宗教の違い、そして隣国同士の領有権問題が多く見られます。隣国同士は領土の境界線で未解決が多く、また境界にまたがって相互の民族が入り混じっていることが多く、また文化的に離れていれば、離れている考え方が対立を生み、似通っていれば近親憎悪的に、対立するのです。

戦争は経済で起こるといわれてきました。つまり経済的な利権を手に入れるためです。経済的利権とは、主に天然資源です。資源をめぐる領土争いとは石油などの天然資源の経済利益の獲得、その土地の利権争いです。そして、そこから感情の行き違いが生まれます。

あなたは日常で、嫌なことはありませんか？ 当然ありますよね。そんな嫌なことが国家レベルで起こること、つまり感情の暴発、それの最大の行為は戦争です。

ヒトラーのナチスドイツはドイツ国内のユダヤ人を追放、虐殺しました。当時の科学者はユダヤ人が多く、多くはアメリカに逃げ、そこで原子爆弾を開発したのです。一説ですが、その動機は、ヒトラーへの憎悪（恐怖）からといわれています。広島に原爆が投下された日にユダヤ人の科学者オッペンハイマーは原爆をドイツに落としたかったと悔しがったといわれています。

つまり憎悪が憎悪を、恐怖が恐怖を生むのです。落語家の立川談志師匠は、「共同価値観の崩壊が怒り」だと看破していました。自分たちと相手の価値の相違が起こることです。

その価値観の相違はどこから起こるのでしょうか？

最大の相違は相手を自分とは同じ人間と思わないことです。そんな感情の相違こそが戦争を生み、戦争は破滅を呼ぶことです。

漫画家の松本零士さんは以前テレビのインタビューでこうおっしゃっていました。

「世界中の戦死したその当時の兵士たち、若者たちの中には生きていれば本当はものすごい人類の文明に貢献した人がいっぱいいたはずなんですよ。それが大勢死んでるわけですよ。戦争というのは未来を、自分の未来をつぶすわけです。」

（『NHKニュースおはよう日本』　2018／8／13放送より）

つまり、どんなものごとが起こっても、どう戦争を起こさないか？

それを考えるのが教養です。今までの数々の戦争から、私たち個人一人ひとりが学ぶべきことです。戦争からの教訓を、逆に私たちの人生にあてはめてみると、それは感情を論理的に考えることだと思います。

え？　感情を論理的？　むしろ感情は論理的思考の対極にあると思っている方が多いのではないでしょうか？　でも現代の国家間の感情的な争いを見て、むしろその感情の行き違いに極めて論理的な原因があると考えられるのです。

感情的にならずに論理的に話そうよ、ってもめた時よく聞くフレーズですが、感情的な時の感情的な人の論理は大体感情的なので、むしろ論理的に諭されても感情的にしこりが残るし、後を引くことが多いですよね。むしろ感情的に諭された方が納得する気がする。この人間社会も人間個人も本来感情にものすごく左右されるものですから。

そのため、論理的に辻褄が合っていれば他者の感情を害そうが傷つけようがどーでもいい的な論理で話されると、その人がどんなに賢くても有名でも全然論理的でないように（私は感情的にも論理的にも）思います。だって感情的には嫌悪感を感じますし、論理的には人間社会と人間個人は『感情で動く』のが論理だからです。

つまり、自分や他者の感情を論理的に扱うってことが、肝要ですし、自分や他者の論理を感情的に捉えてみることも、大事なのだと思います。

その時に大事なちょっとしたことなのですが、本当のことを何でも言えばいいってわけではないということです。それが本当のことだとしても、言われた方は言われ方だけでムカついたり落ち込むことがありますから。

何を言うか？　何を言わないか？

どういう風に言うか？　相手の反応の次に何を言うか？

つまり、伝え方を考えることが伝えるという行為そのものなのです。

互いに相手を尊重するとは、相手の振る舞い自体を考慮する以上に、実は自分の相手への振る舞いを考慮するってことじゃないでしょうか？

互いに言いたいことを言い合えばわかりあえるというのは、幻想な気がするのです。相手に1度でもネガティブな感情を植え付けられると、相手への理性や冷静さも阻害されるからです。自分の気持ちよさが最大の人生の価値基準だと私は考えています。

そして自分の気持ちよさは、他者が不快になってないか？　他者を不快にさせてないか？　他者も気持ちいいか？　ってこと自体に物凄く左右されるのです。

つまり他者と自分の気持ちよさの相見積をとることが実は自分の気持ちよさの最大化だと思うのです。自分が傷付くくらいは、相手も傷付くんだっていう想像力が、もっとも大切な教養なのです。じゃないと世界は滅んでしまいます。その人が偉い人だろうが有名人だろうが成功者だろうが意志の強い人だろうが若かろうが年取ってようがスーパーマンだろうが、あなたが傷付くくらいに人は傷付くのです。

2-4

Cultivating
The World

日本という国の強さを思考する

これまでとこれから

日本は世界で何番目？

日本は、例えば「人口」ならば世界で11番目ですし、「面積」ならば61番目、「平均寿命の長い国」ならば1番目、「世界遺産の多い国」ならば12番目にランキングされています。ところで、この項目のタイトルになっている「日本は世界で何番目？」という質問。パッと浮かんだのはおそらく「ＧＤＰ（国内総生産）」ランキングではないでしょうか。つまり「日本は『経済』で世界何番目？」ということです。

今でこそ中国に抜かれましたが、「日本はＧＤＰで、アメリカに次ぐ世界第2位の国」と習った人も少なくないと思います。

そこで、ここでは、「日本はなぜＧＤＰが世界で2番目だったのか？」ということを、「人口」という観点からの地理思考で検証してみようと思います。

私が子どもだった70年代から80年代頃、「世界における日本の経済力はアメリカに次いで2番目」と説明されていました。アメリカは領土も大きいし、人口も多く、資源も豊富、まさに超大国だから当然トップに君臨します。

一方で日本はアメリカにくらべて国土も小さく、資源も少ない国なのに「世界で2番目」だったので、私は日本の技術力が優れていて、とても真面目に働く勤勉な国民だからナンバー2に位置しているんだなぁと誇らしげに思っていました。

つまり、日本人の気質の優位性が、国土の基本スペックの脆弱さをカバーし、日本が世界で2番目に登りつめる要因になった、という理解です。

ところが、このイメージは、実は幻想なのです。

日本が世界で2番目だったのは、日本人が勤勉で、よく働いたからではありません。実は「人口が世界で2番目」だったから、「経済が世界で2番目」だったのです。

「え?」と感じたかもしれません。

日本がＧＤＰでドイツ（当時は西ドイツ）を抜いて世界第2位の地位に躍り出たのは、１９６８年のことでしたが、この当時（１９７０年）の世界の人口を調べてみると、

1位が中国（8億１４６２万人）

2位がインド（5億５３８７万人）

3位がアメリカ（2億946万人）
4位がソ連（1億3039万人）
5位がインドネシア（1億1836万人）

と続き、日本は1億371万人で6位でした。

確かに、この当時、日本は世界で6番目に人口が多い国になっていましたが、まだ2番目ではありませんよね？

その通りです！ ただ普通に人の数を数えていたら2番目にはランキングされません。

実は、日本は「〈先進国の中で〉人口が2番目」だったのです。「先進国」という言葉は、その意味するところが非常に曖昧なのですが、一般的には、発展途上の国と対をなす言葉で、「工業が発達し経済が発展している国」という意味です。

当時、1位の中国、2位のインド、4位のソ連、5位のインドネシアは先進国のくくりには入っていなかったので、それらの国をカウントしなければ、「1位」がアメリカ、「2位」が日本となるわけです。

人口の多さが豊かさにつながった日本

例えば、日本のとある企業が何かの新製品を発売したとします。その製品が一定のクオリティを保っていれば、順当に売れていくことが想像されます。

国民はある程度の年収を得ているわけだし、当時はインターネットがまだ存在していないとはいえ、テレビやラジオの影響力は絶大で、普及率が高ければ、商品の宣伝は瞬く間に広がっていったことでしょう。

それは、発売直後の売れ行き、いわゆる「初速」がよいことも意味します。

そうなると、国内での売り上げが担保されて、その製品をつくる企業は発展し、体力をつけることができて、海外に製品を輸出することも可能になります。

でも、それができたのも、日本の人口が多かったからです。

つまり、「国内市場が大きかった」＝「何かをつくると買ってくれる人が多い」という構図があったから可能だったのです。

ちなみに、現在の日本の人口は世界で11番目1億2560万人です。上位は常連の国々で、

1位が中国（14億4850万人）
2位がインド（14億660万人）
3位がアメリカ（3億3480万人）
4位がインドネシア（2億7910万人）
5位がパキスタン（2億2950万人）

となっており、２０２３年にはインドが中国を抜く（抜いた）といわれています。日本は近年ではメキシコ（10位／1億３１６０万人）、にも抜かれてしまいました。

なお、このことは、映画、音楽、テレビ、芸能界など、私が現在、主に活動しているエンタメコンテンツ産業において特に顕著に見られることです。

基本的に、ある国がつくる映画は、その国の母国語で撮られます。日本で製作される映画は日本語でつくられるし、インドで製作される映画は主にヒンディー語でつくられます。

現在、世界で11番目の人口を持つ日本は1億２５６０万人の市場がありますから、映画も音楽もテレビも、国内の売り上げだけでひとまず十分にやっていけます。

しかし、これにはある落とし穴があります。

世界を目指そうという野心があっても、ビジネス的には国内の市場だけで売り上げが成り立ってしまうので、国内で受け入れられるコンテンツだけをつくるようになるのです。この問題は今や日本のエンタメ産業を直撃している問題です。

映画でいえば、大作が年々増加傾向にあり、制作費は高騰しています。その一方で、日本での制作費は低下の一途をたどっていて、世界との格差が年々開いています。

なお、韓国は日本のおよそ4割の市場しかありませんが（韓国の人口は５１３０万人）、コンテンツ産業（映画や音楽）は積極的に世界へ進出しています。それはつまり韓国国内の市場では小さすぎるからなのです。日本のコンテンツ産業は、国内における売り上げだけでは、拡大し続ける制作費を回収することは不可能です。日本も、韓国のコンテンツ産業のように、世界へ出て行かなければならないと強く感じています。

日本が世界で2番目から陥落した3つの理由

日本の人口は先進国で2番目であるという事実が、実は日本が数年前まで世界ナンバー2に位置していたことの根源的な理由であることは先に述べました。

しかし、それは近年になって崩れました。

2010年、日本のGDPが初めて中国に抜かれ、世界第2位の座を42年ぶりに明け渡したのです。その理由は3つあります。

1つ目は、人口超大国の中国が、先進国並みの技術力を身につけてきたことです。国全体では、沿岸部と内陸部の格差はまだまだ大きく、また、それ以上に14億というあまりにも膨大な人口なので、国全体を先進国だと捉えるのにはちょっと無理があります。

ところが、上海をはじめ、深圳や杭州などはまさに先進国の都市そのものです。中国の都市部の人口を見てみると、人口が100万人を超える都市は150か所以上にもおよび、なんと日本の10倍以上にもなっています(日本は12か所)。

さらに、1000万人を超える超大都市は6か所を数え、中国日報網の予測によると、2030年までに中国の都市部の常住人口は、現在の7億8000万人から9億人に達するといいます。

つまり、現在の中国は、少なくともおよそ8億人の市場を持った先進国なのです。国力の順番が変更されるのは当然のことでしょう。この観点で考えると、トップはなんと中国、2番目がアメリカ、3番目は日本、4番目はドイツとなります。

2つ目は、ドイツは「単独の1つの国」ではないことです。もちろん、ドイツという8390万人の独立国は確かに存在していますが、同時に、ドイツは約4億4千万人という日本の約4倍の人口を抱えるEU（27か国で構成）という統一市場のメンバーでもあります。

つまり、簡単に言うと、「ドイツは自国の製品を4倍の市場で売ることができる」のです。そうなると、実質的な順位はどうなるでしょうか？　さらに入れ替わることになりませんか？　これまで述べてきたことから考えると、トップは中国、2番目はドイツ（＝EU）、3番目はアメリカ、そして4番目が日本となります。こうして見てみると、ランキングは何を基準にするかでガラッと変わることがよくわかりますね。

そして3つ目は、日本の人口が減ってきていることがあげられます。

日本以外の国でも人口の減少は見られますが、日本においてはものすごく深刻な事態となっています。なぜなら、これまでの日本は、「資源がない」「経済的・政治的な共同体がない」といったウィークポイントを、「国内の人口が多い」というアドバンテージで、いや、むしろその1点だけで克服してきたからです。

そのアドバンテージが、人口減少によって今や失われつつあるのです。

今までの日本の人口は、何度かの停滞はあったとはいえ、基本的には右肩上がりでした。したがって、現在の人口減少という事態は、実は日本が初めて経験することなのです。

これは、「人口が増加する」ということを「成長する」こととイコールで繋いで国力を増強し続けてきた日本の成長神話が初めて効かなくなるという、まさに未曾有の危機でもあります。

圧倒的な唯一の強みを失いつつある日本の未来とは

地理思考を試みた結果引き出されたこの事実を、日本人はまず謙虚に受け入れるべきだと私は思います。太平洋戦争に敗れた敗戦国・日本が高度経済成長を経て発展し、世界で2番目だと思えるくらいの国家でいられた理由が、実は自分たちの優秀さでも国民性でもなく、「ただ人口が多かったから」というシンプルな事実。

太古の昔から、稲作によって多くの人口を抱えることができるようになった日本人の先達が行なってきたことと、戦後に急激な経済成長を遂げたことについては、日本人の優秀さの賜物かもしれません。

しかし、地理思考で導き出されたこのシンプルな事実に立ち返った上で、では、その優位性が崩れてしまった21世紀の今、日本人が進むべき未来はどちらの方角にあるのか？

もしかしたら、順位付け自体が無意味なことなのかもしれません。

例えば、定員とか合格とかレギュラーとか、ある枠に入るために私たちは努力しますが、なぜその枠に入らないとそもそもダメなんだろう？ と考える時期が来ているんだと思います。例えば野球なら9個のポジションしかないなら、そこを目指さなくても10個目のポジションを新しく生み出しちゃえばいい！……最早それは野球じゃないかもしれませんが、そんな価値観の転換が必要なんだと思います。

例えば江戸時代は、人口３０００万人だけど各地でいろんな文化が栄えていました。

スウェーデンは、人口１０００万人だけど豊かな国です。

今の日本の人口減も実は私たち日本人の意識自体と、国や地方の分業化と効率重視のシステム自体をつくり変える本当の契機なのではないでしょうか？

「世界一幸せな国」と称されるブータンや、イギリスやアメリカのライフスタイル業界で流行の兆しを見せている「ヒュッゲ」という言葉を生み出したデンマークのように（ヒュッゲとはデンマーク語で「居心地がいい時間や空間」）、「経済力」ではなく、「人間の幸福度」で自国を眺めることができるような、新たな価値観への転換が私たち日本人には求められているのかもしれません。

そのように俯瞰で考えることができるのは、地理思考で世の中を捉え直すことができる人なのです。

2-5

Cultivating
The World

天災と疫病と戦争と
その瞬間にその空間を共有すること

３つの革命

時間の流れの中で、どう俯瞰してその空間を捉えるか？

今度はその観点で思考してみましょう。

人類の歩みを俯瞰するという試みは、約40年前にも行われていました。アルビン・トフラーというアメリカの未来学者が『第三の波』という本を出版したのが１９８０年です。

トフラーは、人類が最初に迎えた革命として「農業革命」を挙げています。

この農業革命によって人類は狩猟に頼る生活から、自らの手で食糧をつくり出しコントロールできるようになったからです。それ以来、人類は獲物を求めて転々と場所を移動する狩猟生活から、１カ所に定住する農耕社会を築いたことで、トフラーはこれを第一の波と位置づけたのです。

農業革命とは、人類が生きていくために「モノを生み出す進化」でした。農業は人類が労働によってモノをつくり始めた原点です。

この農業革命によって、世界に2つの概念が生まれました。1つは国（国家）です。農業が行われるようになったことで、人類は狩猟のための移動をやめ、1つの土地に定住するようになり、土地が価値を持ち始めたのです。そしてその土地に人が集まるようになり、国という概念が生まれました。

もうひとつは、国民を束ねる上で規範となる「宗教」と「思想」です。国民は政治の基礎に宗教を置き、さらに同じ思想によって国民大衆を動かしていったのです。

そしてこの宗教や思想を根拠にしての戦争も始まりました。いわゆる、国盗り合戦が世界で繰り広げられていったわけです。

続く第二の波は18世紀からの「産業革命」です。機械の発明によって、人類が機械を使い始めたわけです。それまで手作りで行われていたものづくりが機械生産に切り替わり、短時間で大量にモノを生産できるようになったことで、やがて大量生産、大量消費の時代に突入します。

大量生産、大量消費社会でもっとも重視されたのが「効率」です。より短時間でモノをつくり、短時間で販売することによって利益を最大化する競争が世界に巻き起こりました。

効率重視の考え方によって、人間が機械の都合に合わせて働くようになり、次第に人間性が阻害されていきました。それが今の「働き方改革」論議に見られる社会問題に繋がるわけです。

産業革命によって効率化を優先するようになった人類は、働き方も効率優先で考えるようになりました。そこで生まれたのが「会社」という組織です。

ということは、人間を効率にはめ込むための器として「会社」は生まれたわけです。

この「会社」の誕生によって人間の生活は、「食べるために働く」から、「働くために食べる」へと転換してしまいました。

産業革命によって「会社」の他に「教育」という概念も生まれました。工場で人間に効率よく働いてもらうには、知識と技術と経験が必要だからです。

そこで産業革命以後、〝子ども〟が誕生しました。実は、産業革命の前まで〝子ども〟という存在はなかったんです。ただ〝小さい大人〟がいただけでした。

ところが学校をつくったことによって一定期間、社会から切り離された状態で読み書き、ソロバンなどの教育を受ける者＝子どもが誕生したというわけです。つまり子どもの教育制度もともとはといえば、労働の効率化のために設けられたわけです。そして一定のスキルと知識を身につけた者を、会社に集めて効率よく働かせる仕組みができ上がっていったのです。

産業革命によって生まれたもうひとつの概念は、「イデオロギー」です。イデオロギーとは資本主義、社会主義、民主主義といった「〇〇主義」と言われるもので、国家はこのイデオロギーをもとに国家体制を築いていきます。そしてこのイデオロギーが世界の国々の間に対立を生み、戦争が行われることになったのです。

「農業革命」と「産業革命」。どちらも人類史に残る革命です。私たちの祖先はこれらの革命を経て、動物界で圧倒的に優位な立場を獲得してきました。

そしてトフラーは、今、人類に三つ目の波が押し寄せてきていることを示しました。それが「情報革命」です。情報化の波によって、人類はもう一度革命を体験すると予言しているのです。

資本主義に変わる新しいイデオロギーとは何なのかといった議論も現在世界中で行われているわけですが、まさにそのタイミングで人類は情報革命を迎えたわけです。

ちなみに1980年といえば、まだインターネットという言葉すらなかった時代です。にもかかわらずトフラーはコンピューターの発展が社会のあらゆる仕組みを変えるだろうと断言し、クラウド上に写真を保存していろんな人とシェアする「Instagram」的な存在の登場も予言していました。

私がトフラーを知ったのは、中学生の頃でした。テレビで紹介されているのを見て、現実味のない話だなあと思った記憶があります。「またまた〜、革命とかいえば視聴率を取れると思って」と、斜に構えるませたガキでした。

間違っていたのは自分のほうだと悟ったのは、90年代の半ばのインターネット体験。世界中の情報が瞬時に入手でき、世界中の情報にアクセスできることに私は衝撃を受けたのです。「確かにこれは、人の生活のあり方から仕事の仕方まで、ごっそり変えてしまいそうだ」と確信しました。

アルビン・トフラーやiPhoneを生み出したスティーブ・ジョブズはずっと前から今の世界をイメージしていたのかと思うと、その先見性に驚くばかりです。

そして重要なことは、トフラーが唱えた「第三の波」は、第二の波の産業革命よりも、大きなインパクトを人類社会に与えるということです。

情報革命の何が産業革命よりすごいのか

産業革命とは何だったかというと、機械の力によって「モノを生み出す進化」をより効率的に進めるものでした。すばらしい効率化ですが、モノに価値があるという意味では、あくまで農業革命の延長線上でしかなかったのです。

一方、今起こっている情報革命とは、モノから情報という「目に見えないコト」に価値をおく社会への転換です。

それは価値の機軸の転換、すなわち「概念革命」です。だからこそ、情報革命は産業革命の時よりもはるかに大きなインパクトを世界にもたらすのだと思います。

情報革命は産業革命よりも新しく発生した、上位の概念です。

では何が上位なのでしょうか。

端的に言うと、産業革命は「エクセル的な考え方」、情報革命は「渦巻き思考的な考え方」、というのが私の結論です。

表計算ソフト「エクセル（Excel）」を思い浮かべてください。行と列できっちり区切られたたくさんのセル（マス目）によって、あらゆるものが整然と分類されています。

エクセルの思想は産業革命の思想とそっくりです。労働者が多ければ多いほど、労働時間が長ければ長いほど、生産量は増える。規模の拡大は絶対的な善。際限なく広がるエクセルのシートそのものではないでしょうか。

エクセルのセルはまるで田んぼのようにも見えます。田んぼは所有者ごとにきっちり仕切られており、生産量がその面積に比例してはっきりしており、完璧に計画性の産物です。ただし「おらが陣地」にこだわるため排他的で、侵入者を許さず、計画外の突発的な事態には対応できません。想定した以上の量は収穫できないのです。無論、植えていない品種の収穫は望むべくもありません。

産業革命的な思想そのものであるエクセル思考で情報革命後の現代に生きようとすると、さまざまな局面で不都合が生じます。

「シェア」や「フリー」が新しい経済価値として浸透し、大企業のスケールメリットや経済的寡占状態が必ずしもいい結果を招かない現代においては、「物理的にできるだけ多くの陣地を所有してれば偉い」という価値観は合理的ではありません。倫理的な観点からも、完全に時代遅れです。

ですから今、情報革命後の時代に対応しているのは「渦巻き思考」だと私は確信しています。

渦巻き、英語でいうとvortex（ボルテックス）。これは鳴門の渦潮のようなものを思い浮かべてみてください。渦には大きく2つの特徴があります。

まず、渦というのは実体がありません。渦とは水が螺旋的に流れ込んでいる「状態」であって、ある形をもった「形態」ではないのです。明確に範囲指定して陣地を定めるエクセルや田んぼとは、位相が全く異なります。

そして、渦には「常に」水が流れ込んでおり、「常に」水が流れ出ています。この動きが止まることは永劫ありません。来るもの拒まず、去る者追わず。外界に対して常にオープンです。どんなタイミングで何が入ってくるのも、どんなタイミングで何が出ていくのも自由。これこそが「渦巻き思考」の本質です。

そして、そんな現代において、私たちは「自分自身が渦になる」ことが大切です。

何かを後生大事に「占有」していたり、特権的な何かに「執着」したりするのではなく自分自身に実体はなく、自分の周囲にいろいろな人が集まって、自分自身にいろいろな作用を施し、自分からいろいろなものを生み出す。そういう「システムを構築」することが、これらからの環境とともに生きることなのかもしれません。

渦とは「形態」ではなく「状態」です。

川のある1点のようなものです。鴨長明の『方丈記』でいうところの「ゆく河の流れは絶えずして、しかももとの水にあらず」、つまりその場所にある水は常に新鮮で淀んではいません。

地形や気候、そしてそこに人は住み着き、そこから生まれた農業。さらにその農産品を交易することで商業が生まれ、さまざまな文化が生まれ、文明に発展していって、今の現代社会があるのです。つまりそんな時間の渦の流れの中に私たちは存在するのです。

ならば、そんな出口にいる私たちが地理を思考することは、入り口に遡る作業だとも言えます。こうして入り口からまた出口にいる現在の私たちをぐるぐる見てみる。

すると、この世界がなぜこうなっているのか？を俯瞰することができるのです。

震災と疫病（コロナとコレラ）

震災、そしてコロナ禍。ここ最近の10年で私たちは、今までとは違う変化を体感していると思います。私はそのことを、東日本大震災の起こった9年後の、まさに新型コロナが蔓延し始めた２０２０年3月11日に考えたことがあり、それをｎｏｔｅに書いています。

危機が有って「みんなで一緒に助けあおう手伝おう」ではなくて、危機が有って「みんなと一緒にくっつかないで離れよう」ってのは中々難しい感覚です。

前者は他者への義侠心が生まれるかもだけど、後者は他者への疑心暗鬼が生まれやすいから。
だからこそ個々の不安感を不信感にしないように努めなければならない。
僕たちはあの時もこれからもやらなければならないことがいっぱいある。
僕たちはあの時もこれからも考え続けなければならないことがいっぱいある。
（ｎｏｔｅ第２４５段「９年後の３１１に想う。」２０２０／３／11より）

２０２０年から、新型コロナウィルスの世界的な大流行（コロナパンデミック）で世界中でたくさんの死亡者、被害者を産み経済的文化的活動に大打撃を被っています。しかし、世界でも日本でも、疫病は多大な損害を、実は昔から人類に与え続けているのです。

例えば２００年前の19世紀は、まさにコレラです。

もともとインド・ベンガル地域ガンジス・デルタの風土病だったコレラは、ヒンドゥー教巡礼者の「聖なる移動」とイギリスの植民地化によるグローバル社会の到来で世界中に拡まり、パンデミック化します。コレラパンデミックは5回あったといわれ、

第一次（１８１７－１８２４）：インド、中国、日本（江戸時代）
第二次（１８２９－１８３７）：世界的流行病化（江戸時代）
第三次（１８４０－１８６０）：第一波は１８４０－１８５０　第二波は１８４９－１８６０年（江戸時代）

第四次（１８６３－１８７５）：地理的には最大の流行となる（幕末、明治）
第五次（１８８１－１８９６）：コッホによるコレラ菌の発見（明治時代）

とあり、最後の明治期の流行では１８７７年（明治10年）以降１８９５年（明治28年）まで、２～３年ごとに１万人を越える死者を出す大流行を繰り返し、日清・日露戦争の戦死者数（約10万人）を圧倒的に上回る約37万人の犠牲者が出たのです。

その歴史的事実と、２０２０年のコロナ・パンデミックを重ねあわせてみると、今まで私が思いもしなかった事実に気づきました。

例えば、作家の夏目漱石（１８６７－１９１６）は青春時代をこのコレラパンデミックの時代で過ごしていることになるのです。「いつ誰がコレラに罹るかわからない、いつ自分もコレラで死ぬかわからない」そんな死の恐怖は当然彼の作品の死生観へも多大な影響を残しているではないでしょうか。

そしてそれは漱石だけでなく、あらゆる人の想いに影響し、そんな中でその時代の文化はつくられていったのです。

例えば、四大文明の１つインドのインダス文明は紀元前１５００年のアーリア人の侵入でバラモン教が成立します。バラモン教では司祭者階級であるバラモンを中心に、クシャトリア（戦士・王族階級）、ヴァイシャ（庶民階級）、シュードラ（奴隷階級）、さらに最下級の不可触賤民という階級身分制度＝カーストをもつくり出しました。

なぜアーリア人は、カースト制度をつくったのでしょうか？

それは一説には、褐色系の原地民であるドラヴィダ人を隔離するためだといわれています。温暖湿潤地域で暮らすドラヴィダ人は現地固有の感染病を持っていて、その病原菌に免疫がないアーリア人が距離を置きたかったようです。カースト制度は当時から現代まで続く社会制度・因習としてインドの至上命題として根深く存在し、現代インドの職業差別や貧富の差の原因になっています。カーストという言葉自体はポルトガル語が語源で、後世に西欧人に名付けられたものです。

ちなみに現在のインド人の大多数が信仰するヒンドゥー教は、バラモン教が地元の民間信仰と融合して生まれたのでした。

また例えば、病原菌の拡散は１４９２年のコロンブスのアメリカ大陸の発見から16世紀の大航海時代に旧大陸から新大陸の接触で進みました。新大陸の人たちには未知の病原菌、例えばインフルエンザ、麻疹、天然痘が一気に蔓延して、先住民社会に壊滅的な影響を与えたのでした。

現代は、コロナウイルスの拡散で、コミュニケーションの非接触化が進んでいます。仕事、日常、エンタメで、他人（外部）とどう物理的に接触しない、自分を接触させない、で自分の意思（内心）を外心に伝えていくかがよりキーになるのかもしれません。そんな

「触れ合わない」時代で、「直接会う」ことの希少性がより価値になっていくとも言えます。
それは、ネットがもたらした時代の恩恵とも言えますし、ネットが誕生したから、人とのコミュニケーションもこれからは非接触をメインにしろ！という時代の啓示なのかもしれないとも思うのです。

そう思うと、令和の時代、コロナパンデミックは、どんな教養を新たにつくっていくのでしょうか？そんな想いがまさに時間と空間の中で巡ってくるのです。

第3章

教養としての社会

社会思考とは　社会という世間を意識する

教養と言われると、概ね未来の展望より過去の知識だと、思われるのではないでしょうか？

ただ第1章の時間としての歴史思考、第2章の空間としての地理思考、と教養されてきた方にはだいぶその固定観念も外れてきたと思うのですが、そこで私たちが次に捉える意識は何でしょうか？

それは、私たちが「今、此処」に存在しているという事実です。

今、此処とは何でしょうか？ 私はそれを社会と捉えています。

言い方を変えると、世間とも言えます。次の第4章で解説しますが、時間、空間、世間、そして人間と、どの言葉にも〝間〟が入っているのは興味深いですよね。つまり社会とは、そんな時間、空間、世間、人間が「今、此処」で集合している全体なんだと思うのです。その全体を全体で捉えることをここでは社会思考と、ちょっと大仰ですが提唱してみました。

社会思考で教養を捉える際に重要な点はまさにその〝間〟を定義する3つの言葉にあります。

まず、社会思考の1つ目の〝間〟、それはディスタンスdistanceです。昨今のコロナ禍でソーシャルディスタンスという言葉が叫ばれましたが、個人と個人の間、情報と情報の間、集団と集団の間、過去と現在の間、現在と未来の間で、そのディスタンスがどれくらい近いか⇅遠いかで、その社会の来し方行く末が変化していくのです。そのディスタンスを意識することです。

そして、社会思考の2つ目の〝間〟、それはメディア media です。メディアとは媒介、まさに対象と対象を仲介するものです。そのメディアは、まさにインターネットの登場で今までの新聞、テレビといったマスメディアから、SNSを駆使するソーシャルメディアへと変貌をとげ、私たちの社会は、リアルなつながり以上にネット空間上での社会の中でもどう生きていくか？に激変しました。このメディアの変化を意識することが、教養するための社会思考なのです。

最後に、社会思考の3つ目の〝間〟、それはバッファ buffer です。〝緩衝〟、〝ゆとり〟、〝遊び〟を意味するバッファ、それを対象と対象の間に持つことで、無駄な衝突をさけ、時間的ゆとりが生まれ、個人の思考にも遊びが生まれます。この思考の遊びこそが、まさに教養としての教養の一番の肝なのです。

以上の3点を意識することで、「知識としての教養」＝〝過去〟と、「今、此処としての社会」＝〝現在〟が融合し、そして「これから、私たちの社会はどこに向かうのか？」＝〝未来〟まで思考が及ぶのです。

それでは、現代社会を回避しながら未来を創造してみましょう！

3-1

Cultivating
The World

ソーシャルメディアは新しい社会か？

新しいメディア New Media

ソーシャルとのディスタンス

私はバラエティプロデューサーという仕事をしているのにかかわらず、集団に居るといつも実感するのです、自分は本当に集団が苦手だっていうことを。その集団が知っている人の集まりでも知らない人の固まりでも、どっちも苦手なのです。そこに存在していることの窮屈さを感じてしまいます。そういう意味ではコロナ禍になる前のはるか昔から、私的にはソーシャルディスタンシングは常に本能的にとってきたんだと思うのです。

そして、それはなぜなんだろう？　と考えます。集団の中にいると、ヒトはひとりでいる時より集団でいる時の方が孤独感を感じるのではないだろうか？　っていつも思います。その中にいる故の疎外感というか、他人の振る舞いに感じる他人行儀というか。

その集団がどんどん拡大すると、組織になり社会になり、それが世間になります。

世間とは、それぞれ個人が生きる上での間隔の総体なのかもしれません。

そして、その間が詰まりすぎると、自分の身体と精神に途端にアラームが鳴って、窮屈さを感じてしまうのではないでしょうか。そういうものの窮屈さから抜け出したい。

私は、いつもそんなことを感じています。そして、それは今や、ソーシャルメディアが登場して、リアルな空間以上にバーチャルなネット空間でも、ネット的な世間が形成されてきたんだと思うのです。じゃあ、そんな世間から脱出するか？

でも一方で、ひとりじゃ絶対やりたくてもやれないことがあるのです。それをやるためには組織なり社会なり世間が、絶対に絶対的に必要なのです。何かをプロデュースする時にそれらの必要性を私はいつも痛感しています。

つまり、その世間の拘束と解放の折り合いが本当に難しいんだと思うのです。

例えば組織の縛りがゆるいと何も生み出せないし、縛りがきついといろんなハラスメントを生みます。自分は縛られたくないし、他人を縛りたくもない。でもそうしないとできないことが厳然としてあります。ソーシャルとのディスタンスを改めてどう取るか？が、自分の、そして読者の皆さんのこれからの至上命題だと思います。

無自覚的片務関係

その人と人間関係ができると取り立ててもらえると思っていたり、言うことを聞いてもらえると思って近づいてきたりする人がいます。

そのために人間関係をつくろうとしてくる人の浅はかさこそが、その人を取り立てなかったり言うことを聞かないことの一番の理由になることに気づかない浅はかさに、さらに嫌気を感じたりもします。

つまり信用とは双務的なもので、人間関係とは片務的なものではないのです。

その人が自分の好き勝手に相手を選んでいるようで、その行為自体がその相手にはものすごく失礼だったりすることに、その選んでいる方の人は気づかないのでしょう。

そしてその無自覚さ故に、相手にはむしろ敏感に感じられてしまうのです。

そして、プロデューサーやキャスティング的な作業をしていると、そう相手に思われるような行為をしがちなのです。自分としては、そこは常に自覚して、常に敏感にならなければいけないんだと、自戒しています。

獣勇と深沈厚重

コロナ禍になる前には定期的に静岡の三島を訪れていました。ちなみに「おとずれ」とはやってきた音がするから音づ（ずれ）れであるらしい。訪れるって言葉はとても美しいですね。なんで三島を訪れていたかというと、それは私が静東地区でいろんな飲食店を手がけている、にしはらグループの顧問をやらせていただいているからでした。

毎回ミーティング、会食やバーで、会長の西原宏夫さんという教養人からとても勉強になる言葉を教えていただきました。

その言葉にとても共感するのは、西原さんがただ教えてくださるのではなく、私が「今こんなことを考えています」と言うと、西原さんが「それは誰々のこの言葉ですね」って教えてくださるからなのです。西原さんはものすごく読書家でそんな言葉がひょいひょい出てくる。その言葉を教えていただくと、自分が考えていることがいきなり具現化される。

その瞬間がたまらなくワクワクするし、例えばコロナ騒動とかで思い立ったある個人的な所感を、過去の人も過去の出来事の中で同じような所感として捉えていたんだと思うと、歴史は繰り返すというか、この今の困難は今だけの困難なのではなく、人類がそんな困難を何回も何重も乗り越えて連綿と続いてきたんだなって実感するのです。先日教えていただいたのは、獣勇という言葉。福沢諭吉の言葉、「盲目社会に対するは獣勇《じゅうゆう》なかるべからず」です。

私が、こんな不確かな時代だからこそ、頭で考える＝賢さ＝サピエンスな側面より、自分の中の野性＝ケモノ性が大事なんじゃないかと最近思うと言ったところ、西原さんから教えていただいたのです（西原さんが長年書き続けているブログ『人の心に灯をともす』に解説が乗っています）。

そして続けざまに、「深沈厚重」という中国明の時代の儒者・呂新吾の言葉を教えていただきました。深く厚く重く考えようという言葉です。なるほどと思いつつ、2番目にある沈という言葉には私たちにはネガティブな印象があるのだと思うのですが、

沈（しず）みとは
岩（巌・いわお）のことであり
沈子と書く
石の錨（いかり）のことであり
錘（おもり）のことでもある
錘（おもり）がなければ浮かび上がってしまう
（呂新吾『呻吟語』）

ということらしいのです（こちらも西原さんのブログ『人の心に灯をともす』に解説が乗っています）。

この獣勇と深沈厚重って、一見真逆の意味に思えます。でも自分の中の獣勇って、まさに自分の中の深くて厚くて重いところ、そしてそれが一番沈んだ自分の中の奥底のケモノ性なんだと思うのです。上っ面のふらふらした情報に流されるような、世間の流れにただよってしまうような感情ではなく、自分の中の（もしかしたら無意識な深奥の部分の）一番沈んだところにあるものが獣勇なんじゃないでしょうか。まさに、私は常日頃こんなことを思っていたのでした。

自分とは自然なり
自らが自ずから意思で動くことをせず
自らは自然の流れにただただゆたふのみ
流れるままに流される
（ｎｏｔｅ第２４８段「人生に意思はいらない」２０２０／３／16より）

そしてこの自分の思いにも、獣勇と深沈厚重という言葉がつながったのでした。
自分の中に深く厚く重く沈む獣勇とともに、あとは時代の流れに自然に身を任せていこう。
それが私が感じた「自分とは自然なり」ということの真意なんだと思うのです。

好きなことだけして生きられる、夢のような時代がやってくる

２０１７年に長年勤めたＴＢＳテレビを辞めた私は7月に『好きなことだけして生きていくという提案』という本を上梓しました。おかげさまでこの本は予想以上に反響を呼びました。しかし、この本がたくさんの人に受け入れられたということは、好きなことを仕事にできている人が今も圧倒的に少ないということでしょう。

確かに日本では一昔前まで「好きなことだけしたいなんて考えていると、人生棒にふるよ」とまことしやかに言われてきました。またその背景として、好きなことで食っていくよ

りもはるかに簡単で確実に稼ぐ道があふれていたという事情もありました。

例えば業種や業界を選ばなければ、就職口は見つかったし、最後は体力を酷使する仕事など、人が嫌がる仕事をすれば食いつなげたわけです。

ところが、情報革命によって人間は好きなことを仕事にする時代になっていくのです。もっと言うと、人間は好きなことだけを仕事にしなければならなくなるのです。

その理由のひとつはＡＩの誕生です。

皆さんもご存じのとおり、これまで人間がやってきた仕事の多くはＡＩに取って代わられることになります。最終的には社会全体の半分程度の仕事がＡＩに切り替わるといわれています。

ということはＡＩに取って代わられない仕事、つまりＡＩにできない仕事につかなければ、人間は仕事を失ってしまうことになります。

ではＡＩにできない仕事とはどういうものなのでしょうか。それを考える上でのキーワードは感情です。ＡＩには感情がありません。その中でも、「好き」という感情が特に重要です。

なぜ「好き」なのか？　その理由は、ＡＩと人間との決定的な違いがそこにあるからです。ＡＩは好きも嫌いもなく、快も不快もない世界で動いています。ですから、指示された作業をただ愚直に（誠実に？）正確に、処理していくだけです。ＡＩが「○○がしたい」という動機を持つこともないし、自発的に行動することもありません。言い換えれば、目的のないことや効率につながらないような「無駄なこと」はしません。この「無駄なこと」とは「遊び」と言い換えてもいいと思います。ＡＩには感情がないからこそ「遊び」がないのです。

ところが人間には好き嫌いの「感情」があり、自分が好きなことなら目的がなくても、非効率的で非合理的なことでもやってしまいます。

人間は遊ぶ生き物であり、好きならそれが非効率的だろうと無駄なことだろうと、あえてやってしまいます。それがＡＩには真似のできない領域なんです。

２０１７年に会社を辞めてすぐ、私はポルトガルを旅してきました。特に目的などありません。たまたまヨーロッパの人たちが選ぶ好きな国ランキングで常にトップクラスなので、きっと何かあるに違いないと思って、いきなり出かけてみただけです。

しかしＡＩにとって旅行などは、無駄の最たるものです。ポルトガルのことを知りたいと思えば、別に日本にいてもいくらでも調べられます。地理のことだってお酒や料理のことだって、何だって知ることができるわけです。

にもかかわらず、あえてわざわざ飛行機に乗り何時間もかけて現地に赴き、そこでワインを飲みながらタコのリゾットを食べてみる、という体験をするのが人間です。

生産性とか効率の視点で分析すれば「無駄なこと」かもしれませんが、しかし、私はなぜヨーロッパの人たちがこの国を愛しているのかということを、お店の人との何気ない会話や街のたたずまいから、そしてもっと言えば降り注ぐ太陽の光やそよ吹く風から、実際に肌で感じ理解することができました。それは私にとって至福の時だったし、これからの人生においてかけがえのない価値をもたらしてくれるものとなったわけです。

ということは、ＡＩがいくらでも集められる知識や情報の価値は低く、あえて時間やお金をかけて心を満たすとか、料理を味わうとか、現地の風を感じるといった非効率なことこそが価値を生むということです。

無駄だし目的もないし、期待もされていないけど、人間が「心を込めてする」とか、「あえてやってみる」「わざわざやってみる」ことに価値があるのです。

そのような、心をこめるとか、あえてやる、わざわざやるといったことは、既存のフレームから離れた「遊び」のところです。その遊びとは「好き」という感情から湧き出る「〇〇がしたい」というモチベーションが源流になるわけです。だから「好き」という感情が重要なのです。

ＡＩには「〇〇が好き」とか「嫌い」といった趣味嗜好はなく、したがって「〇〇したい」という動機を持つことはありません。

ただ計算処理速度や知識やデータの記録量、モノの微差を見分ける照合技術などについては、人間には到底及ばないほど高い能力を持っていて、なおかつ人からの指示を嫌がることもなく、コツコツと愚直に誠実に、いつまでもフルパワーで文句も言わずやってくれるわけです。

しかし人間がこの領域の作業や仕事をしても能力的に叶わないし、そもそも人間はロボットと同じように働けるわけがありません。

だからこれからの社会で人間がこの領域で仕事をすることは、価値がなくなるということです。幸いなことに、人間がしたくないことや進んでやりたいと思えない仕事……計算処理や記録、検査照合といった単調な作業や同じことの繰り返し作業こそ、ＡＩがもっとも得意とするところなんです。

ということは、もうすぐ人間にとって「嫌な仕事」は全部ＡＩが担うようになるということです。そうなると結果的に人間がやるべきことは、おもしろいこと、好きなこと、やりたいことに限られてくる。

それが、人間は好きなことだけを仕事にする時代がきたという意味なのです。

3-2

Cultivating
The World

ＡＩとの付き合い方
新たなフレームを創る

ＡＩの限界「フレーム問題」から逆算する

ここでＡＩが抱えている本質的な問題について、簡単に触れておきましょう。その本質的な問題とは「フレーム問題」と呼ばれるものです。

フレームを直訳すると「枠」の意味ですが、コンピューターの世界ではある一定の法則で構成された限られた領域のことを表す用語として使われています。それでは「フレーム問題」とは何かというと、次の3項目を指します。

①人工知能は与えられた問題しか解けない
②人工知能は問題を創り出せない
③人工知能は問題から外に出られない

というものです。つまりＡＩはまず、１つのフレームの中では、超高速で最適解を導き出すことはできますが、与えられた問題しか解くことができません。

フレームを超えたことを考えさせると、この世界で考えうる無限の可能性を思考の対象にしてしまうため、延々と考え始めて結論が出せない状態になってしまいます。だからＡＩには、あらかじめフレーム、つまり思考範囲の制限＝フレームが設けられているのです。

ですからＡＩはフレームを超えた視点で問題を俯瞰することはできませんし、自分で問題を発見することもできません。つまりＡＩとは１つの指示が与えられると、それ以外のことは全く考えられないということです。つまり遊びの要素がないのです。

指示されたことには好き嫌いも言わず、それ以外のことを考えず、ひたすら愚直に、誠実に、全力で取り組む。そんなＡＩの特徴を挙げていくと、あることに気づきませんか？

そう、これって日本の高度成長期まで人間に課されていた猛烈社員に似ていませんか。そして、こういうタイプの人は、おおむね社内で仕事ができない人と呼ばれてしまっているのが現状です。試しに「フレーム問題」３カ条の、「人工知能（ＡＩ）」の部分を「ダメ社員」に置き換えてみるとこうなります。

①ダメ社員は、与えられた問題しか解けない
②ダメ社員は、問題を創り出せない
③ダメ社員は、問題から外に出られない

これってまさに今、企業が問題視している人材像にぴたりと一致しますよね。
しかも、そのダメ社員というのは、産業革命以来、労働者に課されてきた機械的な働き方と一致するわけです。

皆さん、AIってしょせん、ダメ社員レベルなんです。

産業革命は効率的にモノをつくる社会を築き上げてきました。大量にモノをつくり、それを大量に売りさばくために、すべての業務がマニュアル化され、そのマニュアル通りに業務を遂行すれば、最高の効率で業務が遂行できる仕組みがここ1、2世紀の間に構築されてきたのです。

しかしそれは同時に、人類が感情もモチベーションも遊びもない働き方を強いられてきた歴史であるわけです。まるで会社にとっての働き者とは、ぽちっとクリックするだけであっという間にデータ計算をしたり表作成ができたりする、便利で高性能な「エクセル」のような存在になり下がっていたわけです。

そもそも戦後の高度成長期に行われていた日本の偏差値教育も、与えられた課題に対してスピーディに正確に正解を導き出す、AIのような能力を磨くことが目的でした。

経済大国ニッポンを築くのは、偏差値教育で鍛えられたマニュアル人間たちだというフレームの中で、世界の中でもずば抜けて生産性の高い組織をつくり上げてきたわけです。マニュアルとは、「フレーム内での手引書」のようなものです。

ということは、情報革命によってフレームが取り払われてしまうと、マニュアルは何の意味もなさなくなってしまいます。当然、偏差値教育で鍛えられたマニュアル人間は役に立たなくなり、必要とされなくなります。

それぞれの職場で、昔は優秀とされていたエリートサラリーマンたちが「役に立たないダメ社員」と言われるようになってしまった原因はそこなんです。

しかもそういう過去のエリートが日本の多くの企業で経営を担っているのが日本の現状です。彼らが今のまま何もしなければ、日本の企業の未来は非常に暗いと言わざるを得ないわけです。だってダメ社員が会社の舵とりをしているんですから、全く見当違いな場所に船を進めてしまうか、途中で座礁してしまう危険性が高いわけです。

日本を代表する企業が次々に不祥事を起こしたり、業績が伸び悩んで迷走したりするのも、歴史やブランドのある会社ほど過去のフレームに固執してしまい、会社を根本的に変えられない、変えようとしない経営陣の姿がその背景にあるわけです。

フレームをつくることが人間の仕事になる

では、創造的で個性的な能力を発揮する人になるとは、具体的にはどういうことなのでしょうか。ぶっちゃけＡＩに仕事を奪われない人になるには、どうすればいいのかということをこの項目で考えてみましょう。

単純に考えれば、フレーム問題①～③の逆を考えればいいわけです。

つまり、

①人間は問題の外に問題を探しに行く
②人間はフレームをつくりＡＩにその仕事をさせる
③人間は、ＡＩが見つけた最適解を別の領域で応用する

となります。ということはＡＩに取って代わられることのない人とは、自分でフレームをつくり、そのフレームの問題解決や作業をＡＩにやらせる人、ということに尽きるのです。

ＡＩは、囲碁や将棋ではすでに人間の能力を超えました。今後も人間がＡＩに勝てることはもうないでしょう。しかしここにひとつ、重大な問題があります。それはＡＩが囲碁や将棋をやりたいとは思わないということです。一方で、人間はたとえＡＩとやって勝てないとわかっていても、将棋や囲碁をするのです。なぜならおもしろいから。

その2つを考え合わせると、人間の仕事とはＡＩに囲碁や将棋をやれ、ということになっていくわけです。ＡＩが囲碁や将棋をするためのモチベーションをつくることが人間の役割になるということです。

ＡＩを語る時に、人間はこれまで人間対ＡＩという対立関係で語られていますが、これからは対立関係ではなく、人間が利用するツールとして語られるべき段階に移ってきたと私は考えます。

人工知能研究者でファイナルファンタジーの制作者でもある三宅陽一郎さんにお話を伺った時、とても興味深かったのは、ＡＩにも修業が必要だというお話です。ＡＩというと、すごいコンピューターがすごい計算をして知能を形成していると思われがちなのですが、実はそのコンピューターが行う計算とは、結局のところ0と1のデジタル情報の四則演算なので、かなりシンプルなものです。

ではなぜ最近ＡＩが進んだかというと、つまるところコンピューターにどれだけ深く学習させるか（ディープラーニング）という技術でイノベーションが起こったからだそうです。しかし、ＡＩを発達させようと思ったら、結局は解析方法自体よりも、ＡＩに学習させるための長い時間かけて集めたビッグデータを所有しているか、そして技術者の試行錯誤という手間をかけて解析させることが鍵、なのだそうです。

つまり、ＧＡＦＡと呼ばれるGoogleやAmazonなどの大量のデータを保持している企業が有利であり、開発の現場も多くの資金を必要とするなかなか泥臭いものだということです。

例えば、さまざまなゲームの中で囲碁が人間よりＡＩの方が強くなったのは、かなり早い時期でしたが、あれは囲碁の盤面が白と黒だから、画像解析がしやすかったからだそうです。そしてどの局面ならこうするという大量の棋譜のデータが残されていたわけです。

それをＡＩにたくさんラーニングさせて、人間に勝るようになったのだというのです。

つまり、ＡＩがいくらすごいといっても、実は体験と時間が必要であり、つまりめちゃくちゃアナログ的な修業的期間がないと人工知能も育たないということを意味します。

人間の場合は時間をかけてもワールドチャンピオンクラスに成長するのは、一握りでしょうが、時間と手間という点については、結局、人間の育成と大差ないのです。

そんな十分に手間と時間をかけたＡＩが今後どんどん登場することで、社会や生活がまもなく激変します。それは新たなワクワクする未来が待っている分、実は不安に思っている人も多いのではないでしょうか？

ＡＩに自分の仕事が取って代わられるのか？

マトリックスやターミネータなどのかつてのＳＦ映画で見たような、ＡＩに対するそんな潜在的な恐怖を人間は抱えています。

では、ＡＩが発達する未来で、私たちはどんな生き方をすればいいのでしょうか？


「人工知能（ＡＩ）は意識を持てるのですか？」


私は三宅さんに聞いてみました。三宅さんによるとある問題を突破できなければ、人工知能は意識を持てないのではないだろうかと言うのです。それが先ほど説明した、フレーム問題です。つまり現実空間において問題を自ら設定することがフレーム設定です。

問題を見つけてきて、「それが問題である」と自分でフレーム設定できないとＡＩは意識を持てないのではないかと三宅さんは推測しています。フレーム問題が解決しない限り、ＡＩが人間の知能に迫るのはなかなか難しいのです。

でもこれを聞いて、私は未来における人間個人の存在意義がむしろ明確化しました。

そして、人間とＡＩとのこれからの関わり方が、なんとなくわかった気がしたのです。

先ほど言った通り、人間がすることは、あらゆるフレームを突破すること。

ＡＩはフレームの中でしか問題が解けないのだから、むしろそのＡＩを機能させるフレームは人間がこれからもつくるのです。人間が新しく見出すものなのです。

人間はまだフレームが設定されていない現実空間で、問題を見つけ出し、フレームを構築して、そのフレームの中でＡＩに最適解を考えさせる。

それが人間とＡＩの共存世界。

つまり既存のフレームの中で最適解を出す仕事はＡＩがやるわけだから、それを既存のフレーム＝組織内のルールでやっている従来の個人仕事はなくなる。

未来には〝人がなくていい仕事〟と〝人が必要な仕事〟があるのだと気づいたのです。

私たちが未来に向けてやることは、誰かが出した問題を上手に速く解いて、成績よく、偏差値高く、いい組織に入って、金儲け！　なんてことではないのです。

自分で外に出て、自分で問題を見つけ、その問題を自分と仲間とＡＩを使って、試行錯誤して解決することなのです。

ただ一番の問題は、ＡＩだけでなく『フレーム問題』を抱えている組織と個人が今現在、多数いること。会社というフレームの中だけでうまく立ち回ろうとしている「ダメ社員」が今も数多くいるということです。

そのフレーム自体が、すでに意味をなさないことに気づかず、フレームの中で問題を解き続けて、しかもそれが最適解でもない、つまりできの悪いＡＩ的な人間。そんな人たちは、むしろ今までの既存フレームの中では、優秀なのかもしれない、勉強できて、偏差値高くて、いい大学を出て、いい会社に入って的な。

でもそのフレーム内の仕事は優秀なＡＩが取って代わるのです。

例えば、「仕事なので」「ルールだから」という言い方で、生産的でない今までの慣習や規則を守ることを死守している人。

さらに悪いのは、その無意味さに気づきながらも、気づかないふりをして、「仕事なので」という嘘の正当性で仕事をしている人。

百歩譲って、今までの既存フレームが機能していたならば、その中で最適解を見つける行為は、まだ有効かもしれなかったでしょう。

でも、もう情報革命は起こっているのです。

その人が盲目的に信奉している組織＝フレームは、もう意味のないフレームなのです。

幕末で言えば、江戸幕府というフレームが終わろうとしているのに、そのフレームを守るために参勤交代を続けているようなもの。

情報革命によるＡＩの登場と進化で、私たち人間自体が創って、その中で生きてきたフレーム自体をとって変えて、全く新しいフレームを創る時がやってきているのです。

私は講演会や特にイベントではよく言っているのですが、そんな時一番大事なことは、それに気づくか、気づかないかということ。

気づいてない人は、大丈夫。今から気づけばいいから。問題は、気づいているのに、気づいていないフリをしている人。そんな人は旧フレームとともに滅びるしかないのです。

これは、年齢とか、性別とか、学歴とか、都市とか田舎とか、richとかpoorとか関係ありません。気づくか、気づこうとしているか、がまさに私たちのフレーム問題なのです。

新しいフレームを見出して、人間として生きていくのか？

古いフレームの中で、できの悪い人工知能として滅びるのか？

私たちの未来を生きる鍵はそこに隠されていると思うのです。

確かにＡＩは人間の仕事を奪うことになることになるでしょう。しかしそれが人間に与えるダメージは一時的なもので、長い目で見れば、人間にとって生きやすい社会にしてくれるものだと、私は楽観的に考えています。

先ほども触れたように、ＡＩはこれまで人間が嫌いだった仕事や、面倒くさいと思っていた仕事を全部引き受けてくれるんですよ。

そのおかげで、人間はもっと利益に直結した仕事や、創造的な仕事に時間をさくことができるようになるわけです。

またＡＩはこれまで人間がこれまで解決できなかった問題を解決してくれる存在でもあります。例えば自動車の自動運転技術は、運転免許を持たない人でも車で移動できるようになる他、自動車の死亡事故を限りなくゼロにする可能性だって秘めています。

さらにＡＩによって、人間の労働時間が軽減できるようになると人手不足が解消され、過労死やブラック企業を生み出さない社会に変えることもできます。

ですからＡＩは人間の敵ではなく、人間がうまく使うべきツールです。人の暮らしをよりよくするツールとして、人類が住みやすい社会を築くために利用していけばいいということです。

3-3

Cultivating
The World

開く→回す、タレントの時代

フレームframe→ボルテックスvortex

古い時代は閉じ、新しい時代が開いていく

今や情報技術が進み、一方で自然環境が激変し、人間本来の生き方も、20世紀の大量生産消費を是とする資本主義から、新たなパラダイムへと急速に移行しつつあります。

既存の、皆が慣習にしていた、規則にしていた、ライフスタイルにしていた、今までの社会の枠組みのことを〝フレーム〟と呼びます。

そのまさにフレーム自体が今大きく変わってきています。今までの変化は、あくまでフレームの中での変化です。でもこれからは、フレーム自体の変化なのです。

私はそれを渦（vortex）と読んでいます。そして21世紀になり、すでに20年以上経っています。つまり、世界はもうそろそろ次のパラダイムにいくタイミングなのです。

実際、次の枠組みが形成され始めています。

それは新型コロナウイルスだったり、中国の台頭だったり、情報技術（ＩＴ）革命だったり、ＡＩだったり、メタバースだったり……。

そしてさらに大きな変化が起こっています。昨今は異常気象が世界中で起こっています。コロナ禍も世界中に蔓延してしまいました。地球環境の激変という変化自体が、それは〝異常はもう異常じゃない〟という新たなフレームなのです。

とすると、生き方自体も大きく変わります。今まで異常な生き方にカテゴライズされるような生き方が、ある意味普通になるのです。

つまり今までの世界を維持してきたさまざまなフレームは崩壊し、もはや維持できなくなっているのです。

そんな中で、日本社会、さらに日本人は、少子高齢化をかかえ、経済の衰退など、さまざまな問題が今、既存のフレームでは解決できない領域に一気に襲ってきています。

そんな中、私たちはどう生きるのか？　何を選択するのか？

あなたがもしサラリーマンでしたら、朝起きて、満員電車に乗って、会社に行き、仕事をし、時に残業で遅くなり、時に同僚と飲み会をし、週末は家族サービスをする、そういう行為が急に変わったという自覚はないかもしれません。

でもその一つひとつの行為をしている時の、あなたの意識がちょっとでも変化していたら、それはもう違う行為をしていることと同義なのです。

つまり、その一人ひとりの意識の変化が積み重なって社会は次のタームへと移行するんだと思います。

なぜ今のままでは会社の存続が危ぶまれるのかというと、会社という組織そのものがフレームだからです。

フレームというのは、表計算ソフトのエクセルのようなものです。データを入力すれば設定された関数によって瞬時に計算が行われ、それをもとに表が作成されます。1つの理論によって構築させた世界観です。会社ではこのエクセルのような機能を働く人にも求めてきました。つまり会社はフレームの代表選手です。

オフィスという固定された施設が用意され、社員は決まった時間にその場所に集まり、決まった席が割り当てられ、決まった時間までそこで働いて、1日の仕事が終わると一斉に帰宅の途に向かうという画一的なスタイルはフレームそのものですよね。

組織の全員が同一の規範にもとづいて動き、一体となって活動をしています。そこには部外者が入る余地はありませんし、また個々人の思いつきで組織の形が変わることもありません。

しかしヴォルテックスの時代では、すべてが反転します。

鳴門の渦潮を見ていると、発生した渦は刻々と直系の長さや回転の速さを変えています。常にその形を変化させているのが渦、つまりヴォルテックスです。

それと同じように、これからの組織は内側から出ていく人もあれば、外側から入ってくる人もいて、枠で囲めなくなっていくようなイメージです。

つまり、ヴォルテックス型の社会では決まった場所にオフィスはなくてもよいし、行く時間も決まっていなくていい。リモート会議でほとんどのミーティングは事足りるし、端末１つあれば情報は共有できますから、大勢の人間が一堂に会する必要もありません。つまり今の働き方を続けていることが効率を悪くするのです。

例えば、テレビ番組などの映像物などを動画コンテンツと呼びます。それはテレビというフレームの中にある中身＝コンテンツだからです。そのフレームがＣＤだったならば音楽がコンテンツであり、フレームが雑誌だったら記事がコンテンツなのです。

でも今や、誰もが感じるように、雑誌は廃刊が続き、ＣＤは激減し、テレビもかつての勢いを失いつつあります。

一方、ネット上では読み物があふれていますし、音楽もSpotifyなどのサブスクリプションで聞かれています。映像で言えば、テレビのＯＡ時の視聴率自体が低下しても、それを見逃し配信やYouTubeをスマホで楽しんでいますし、さらに言えば、AbemaTVなどのネット自体のオリジナルコンテンツはものすごく増えていますよね。

つまり、私たちが見たり聞いたり読んだりしているモノは、もはやコンテンツではないのです。なぜならそれを格納するフレームがどんどんなくなっていっているからです。

つまりフレームが技術の進化で次のフレームに移行するような従来の変化ではなく、フレーム自体の消滅を意味する根本的な概念の変化です。

でもコンテンツというフレームに縛られた世代は、そのコンテンツをどうヒットさせるかという概念で、さらにぶっちゃけて言えば、今までのテレビやレコード会社や出版社という既存のビジネススタイルの売り上げをどう死守するか？

今までのフレームの中で、

どう稼ぐか？
どう生きるか？
どう生き残るか？

それについ固執してしまいます。

でもそれは、悲しいかな、もう通用しないのです。

いや、逆です、悲しいことなんかありません。コンテンツという概念さえ捨て去れば、実は今まで以上に中身を外部とたやすくアクセスできるのですから。いいモノさえ産み出せば、むしろ今までのように既存のフレームに束縛されずに、自由にモノが産み出せるのです。

つまり新たなビジネスチャンスは無尽蔵なのです。

それは新たな生き方も可能な時代の到来なのです。

そんな未来のフィールドで何が産まれるかなんて、実は誰にもわかりません。

むしろその不確定さに不安になり、人はつい過去のフレームの中で、実例や、実績、成功体験に固執してしまうのでしょう。

でも過去ばかり向いて、そんな新たなことは起こらないと言う人は、退屈でつまらない。これから何が起こるかわからない。そんな中で未来の話をすれば、それはペテンかもしれないけれど、それに乗りたいという気持ちを、そんなワクワク感を、実はみんな誰でも持っているんだと思います。そのワクワクの渦に人が集まってきます。

ではそんな社会を生きる私たちはどうすればいいんでしょうか？

私は、自分自体が自分というフレームに固執しないことなんだと思います。自分のフレームに固執し、自分のフレームの中で考えるのではなく、移動しながら自分の思考のフィールドを広げていって、そこに渦ができたのならば、その渦に身を任せて巻き込まれてしまってもいいのだと思うのです。

あるいは自分が渦になって人を巻き込んでしまう。

今までは、あるフレームの中で、揺るぎない確信を持ってる人が優れていて優秀で頭がいいと思われがちでしたが、こんなにさまざまなことが揺れまくっている社会なのだから、むしろその人の揺るぎない確信ほど社会とブレるんじゃないだろうか？　とさえ思うのです。もうフレームはないのです。

そういう意味では人の渦＝ヴォルテックスはいたるところで発生します。つまり、むしろその渦の揺れに合わせて揺れまくるくらいが社会とブレないってことなのではないでしょうか？

全ての人がタレント化する時代

初対面の人に会う時、名刺を交換するのがビジネス上の慣習ですが、その名刺には何が書かれてあるでしょうか。会社名と役職、そして名前が大きめに印刷されていて、あとは会社の住所や電話番号、eメールアドレスなどが小さな文字で書かれてある、というのが一般的な名刺のレイアウトですよね。

このように仕事上では、「会社名」「肩書」「名前」という3要素を伝えることが、てっとり早く自分のことを知ってもらう手段になっています。ということは最低限これだけのことを伝えれば、相手からビジネスの相手として認知されるというお約束が社会にあるということです。

でも、課長とか部長と言われても、実際のその人のことはほとんどわかりません。これまでどんな仕事をしてきたか、今はどんな仕事をしているのか、さっぱりわかりませんし、その人の性格も得意なことも何も伝わってきません。

しかしその人が開設しているブログやTwitter、Instagram、Facebookにつながったとたん、その人のつぶやきの中身や、どんな投稿をリツイートしているか、誰をフォローしているかといったことから、その人の〝人となり〟を一瞬にして知ることができます。直接会って名刺を交換して、当たり障りのない挨拶をするより、はるかにその人のことを理解することができます。

というようにＳＮＳで、私たちは瞬時に相手の人間性に触れることができるようになりました。そのことで、人とコミュニケーションをとる前に相手のことがわかった上で話ができたり、直接会わなくても自分と性格が合いそうな人や趣味が合う人を探し出したりすることも容易になりました。

ＳＮＳ登場前までのビジネス上の付き合いとは、相手の肩書や社名で付き合う程度の、空虚で浅い関係でしかなかったことも浮き彫りになりました。

相手の人となりがわかるということは、互いに相手がどんな感性や才能を持っているのかを簡単に知ることができるということです。ということは、あなたも周囲の人からあなたがどんな才能の持ち主かを簡単に知ってもらえるということです。

とすると、すべての人がタレントになる時代がやってきたことを意味します。

皆さん、タレントってどういう意味か知っていますか。

もともとこの言葉には、talent＝「才能」という意味があります。

テレビで活躍する「テレビタレント」はテレビを通じて才能を発揮している人たちです。

しかし今はテレビに出なくても、ＳＮＳやブログを通じて多くの人に自分の人となりをＳＮＳでつながった人たちに伝えられます。

同じように自分もＳＮＳでつながった人の才能を知ることができます。それらを通じてテレビタレントと同じように、不特定多数の人に自分の存在や個性や特技を披露することができるようになりました。ということは、誰もがその才能を他人から問われているということであり、あなたも、自分の才能を発揮して生きていくということに他なりません。もちろんそれはビジネスにおいても同じです。

一昔前まではビジネス上の付き合いとプライベートを分けるのが大人の嗜みなどと言われていましたが、ビジネスとプライベート、オンとオフみたいな区分けはもうなくなるでしょう。仕事でも話が合う人や趣味が合う人、あるいは信頼できるかどうかを判断して付き合うようになるし、相手の才能や仕事上の実績を見込んで仕事を発注したり、友人づきあいが始まったりするのです。

会社員の人でも才能を持つ人にはどんどん仕事上のオファーも飛び込んでくるし、「友達」も増えていくことになります。芸能人でなくても、多くの人に支持されたり誘いがくるような〝人気タレント〟になったりする人も続々と登場するということです。

あなたはどんなタレントなのか？

よくテレビに出ている芸人さんを見て、「あいつセンスないな」とか「あいつら、つまんないんだよ」などと批評する人がいます。でもこれからはそんなことを言っている場合ではありません。他人の批評をすれば、じゃあ、おまえはどんなタレントなんだと逆に問われることになります。

少なくとも、テレビに出ている芸人さんは、すでに自分の才能で食っている人たちです。たとえあまり売れていない芸人さんでも、あなたより10倍も１００倍もおもしろいです。

これまでは観客席にいて好き勝手なことを言っても許されましたが、これからはプロだろうとアマチュアだろうと関係なく、誰にもタレント性が問われるのです。

もしもいまだに、「ネットのいいところは、匿名で好き勝手に自分の言いたいことが言えることだ」などと言って、人の批判や悪口ばかり匿名で掲示板に書き連ねている人がいるとしたら、その人はネットの価値が全く理解できていない人です。

コストもかからず簡単な作業で自分の人となりや才能を、世界の人に伝えられるところにネット社会の本質があるのであって、自分の氏素性や人となりを隠して、ひたすら他人の批判や悪口などの罵詈雑言を並べ立てている人は、全くネットの本質がわかっていないということになるわけです。もはや自分の名前を隠して他人のことをあれこれ言うことに何の意味もありません。

会社勤めをしている人も、情報革命が起こった以上、好むと好まざるとにかかわらず、１人の例外もなく、全員が自分の才能で生きていくことになります。すでにあなたは１人のタレントなのです。

3-4

Cultivating
The World

21世紀の新しいコミュニズムを思考する

人新世の資本主義

師匠と弟子

私のイメージでは、これからの社会では、上司と部下の関係はずばり、師匠と弟子のような関係になっていく必要があると思っています。え？ と思いますよね。

なぜ師匠と弟子なのか。

まず個人が才能を発揮し活動をしていくためには、人生のどこかの段階で必ず修業期間が必要になります。そしてその修業期間が「就職」だと私は考えるわけです。つまり会社が一人ひとりの才能を育てる場所になるということです。

ということは、会社で過ごす期間は仕事であって仕事ではなく、人生を生き抜くスキルを覚え、才能を磨くための修業ということになります。

一方、上司とは部下を引き受けて、やがて一人前のタレントとして活躍できるよう育てる役目を担う人ということになります。こうして上司と部下はヒエラルキーの組織の中で指示系統を示す序列ではなく、師匠と弟子という信頼関係になるのです。

就職をそういう位置づけで考えると、残業や休日出勤は、会社の利益とか成長のために嫌々働かせられるものではなく、自分がやがて独り立ちするための勉強であり、貴重な経験になります。そこでいくら働こうと、働いた分だけ自分の将来の礎を築く血となり肉となるわけですから、ブラックだと騒ぎたてる必要もなくなっていくわけです。

上司と部下は師匠と弟子の関係になればいいという背景には、会社が将来タレントとして活動していくため仕事を覚える修業期間だと思うからです。

これは、会社の業績向上のために働くことで生計を立てることが大事なんじゃなくて、一人立ちするために仕事を覚えることが会社に勤める理由なんだということです。

たとえ仕事の時間が減って帰宅する時間が早まったとしても、そのせいで仕事を覚えられなければ、会社に勤める意味がないわけです。ということは、たとえ社員は少ない給料であっても、将来のために仕事を覚えたいなら、休日でも深夜でもどんどん仕事をすればいいわけです。

つまり会社のため、国家のために働くのではなく、自分のために働くという感覚にこれからは切り替えていけばいいということです。だから上司は上司で、もう部下を自分の部署の目標やノルマを達成する〝駒〟として考えるのはやめるべきです。弟子たる部下にしっかりと仕事を覚えさせて、ひとり立ちできるよう育てることが師匠たる上司の役割になるのです。

優秀な人を育てたら、「あの人は○○さんが育てた若手なんだよ」と言われて、師匠の名誉になるという、そういう価値観を広げていくことが必要なんじゃないかと私は思っています。

つまりこれから大切なのは、上司と部下の間に信頼関係を取り戻すということ。師匠と弟子といえるほどの信頼関係が構築できれば、まちがっても誰かが過労死で死ぬなんてことにはならないはずです。

ここで問題になるのが、「野球部の草むしり問題」です。修業の一環と称して、本来の目的とはつながらなさそうなことをやらされるのは無駄なことかどうかという議論。私はそれを「野球部の草むしり問題」と呼んでいるのですが、中学でも高校でも、野球部に入ると必ず1年生や2年生の間は草むしりをやらされますよね。球拾いもあります。その草むしりや球拾いに意味があるのか、ということなんですけど、結論から言って私は意味があると思っています。

これは落語家の立川談慶さんに修業時代のことを伺った時のことですが、談慶さんも師匠の立川談志さんのもとで修業していた時代には付き人をしたり、運転手をしたり、冷蔵庫を綺麗に掃除したりと細かいことをいろいろと言われながらやらされたそうです。そして、それらが全部、落語家になる上で必要だったと言っていました。

同じ理由でサラリーマンだって、コピー取りもお茶くみも修業と割り切ってやればいいと言いたいのです、それは将来、タレントになることにつながっているから。

もともとサラリーマンは休みが増えれば増えるだけ嬉しいと思うかもしれませんが、その分、仕事を覚えるのも遅くなります。

少なくとも芸能界で働くタレントたちは忙しさを尊び、喜びます。むしろ忙しくなるために日々、芸を磨いたり、自分を磨いたりしています。

そういう意味で働く時間を短くすることは、私に言わせると仕事を覚えたい人の修業の機会を奪っているようなもの。今の働き方改革で時短や休日を増やす流れは、むしろかわいそうにも思えます。

ただしそこでの問題は、師匠としてふさわしい人がいるかということ。

師匠もまた生涯を通じて芸を磨き人間的にも成長するからこそ弟子に慕われるのです。

つまり、師匠も年齢を重ねるごとに人間が練れていくわけです。そして陰に日なたに弟子を守るという務めも果たしているはずなんです。

そうやって師匠は師匠で、弟子にそっぽを向かれないように芸を磨き、人間を磨く努力していこうじゃないかというのが、今の私の想いです。

広告から告広へ

今の社会の広告が人の心に訴えないのは、つくり手が売ることだけを目的にしているからです。つまり、情報としてウソくさいのです。

広告とは読んで字のごとく「広く告げる」こと。その会社の製品情報を知りたい人や聞きたい人がいるかどうかにかかわらず、消費者全員に行き渡るよう、巨額の費用をかけて、朝から晩まで全国で流して大々的に告げる。結果、よくわかっていない人にまで売ってしまえというやり方です。

しかしこうした広告代理店や企業のやり方は、すっかり消費者にバレてしまいました。

私は、これから「広告」は「広」と「告」の文字を反転させた「告広」になっていくと考えています。

じつは「告広」という言葉は、株式会社ＰＯＯＬの代表で、クリエイティブディレクターの小西利行さんと対談した時に、小西さんから伺った言葉なんですが、私はその言葉と発想に感銘を受けました。

「告広」とは「告げた結果、広がる」というもので、告げるというのは、ホームページやTwitterやFacebookなど、ネットなどの投稿による情報配信を意味しています。その〝告げたもの〟が人々の心に響いた結果、「いいね！」やシェア、リツイートなどで広がっていくという流れです。人の心に響いたものや情報だけが広がっていくというわけです。

反対に、人が共感しないようなものは、情報として広がっていきません。結果的に、「いいね！」と思った人だけがそれを求めるので、生産量も欲しい人にだけ行き渡るだけの「適量生産」に変えることができるのです。ニーズのないものがムダに生産されることもなくなり、結果的に資源の無駄遣いをなくすことができます。

「告広」は一見、これまでの広告手法に比べて地味な感じがするかもしれませんが、実はそうでもありません。なんといってもネット上での広がり方は世界規模ですから、ひとたび評価されればあっという間に世界中で支持され、その効果は広告の比ではなかったりします。

「告広」のいいところは、経費を限りなく下げられるところ。そのため企業は広告にかけるお金を、製品づくりに回せるようになり、さらにいい製品がつくれるというわけです。そうすると、これまではマス広告で全国CMが打てる大企業だけが儲かる仕組みでしたが、これからはしっかりといい仕事をしている人やモノに光が当たっていくようになるのです。

反対に人を騙したり手抜きをしている人もしくは製品は、あっという間に世間にバレますから、騙しやウソが含まれた広告もなくなっていくのです。

これからの商品の価値とは作り手がどれほどの思いを持ってそれをつくったか、というところにしかなくなっていくんじゃないでしょうか。

今までの大量生産・大量広告・大量消費というマス＝大衆の時代は「よくわからない人にも売っちゃえ！」「よくわからないけど流行っているから買っちゃえ！」という上辺だけを取り繕った方法が通用しました。

しかし、そういうものはすぐにバレてしまうのです。もう小手先の騙しのテクニックは意味がありません。よほど注意深くつくりこんだとしても、それはバレてしまいます。そして、不自然につくりこんだものは、受け手へ一方的な関係のままです。

それだったら、むしろ本当に自分の気持ちがそのまんま伝わるんだ、という前提で行動したほうが、自然だし楽だし、いいものが生み出せるのではないでしょうか？

本当にいいものをつくっているか？
自分自身も楽しんでつくっているか？
騙したりごまかしたりしようとしていないか？
手を抜いていないか？
受け手に対して誠実であるか？

テレビだけでなくすべての産業で、すべての送り手は、自分の送り手としての原点、そんな〝ピュアな〟想いを持っているはずです。だとするならその気持ちをしっかりと核にして、よりダイレクトに伝えればいいのだと私は信じています。

大量につくって大量に売ることを目指す先には、アパレルで言えば、どれだけ安いTシャツがつくれるかを競うところに入っていくだけで、コモディティ化していく未来しか待っていません。結局、つくり手の熱情のこもったものが口コミで自然に広がっていくような、ドラマのような本当のストーリーを持つものだけが、広がっていく。そんな世の中になっていくにちがいありません。

都会に人が集まる理由

情報産業はなぜ大都市に集まるのでしょうか？

都会に人が集まるメリットは、いろいろな人と情報や仕事が口コミで交換できるから。昔のテレビ局も出版社もいろいろな人が入ってきていろいろな情報や仕事が集まってきていました。でも今やセキュリティが厳しくて、関係者以外は入れない。なので入構パスを持っている関係者としか交流しないことが多いですね。テレビ局でいうと関係者とは芸能事務所の方が多いですが、事前に入構パスをもっている人は、つまり以前にも取引があった人か、大手事務所の方ということになりますよね。

つまり、新規の芸能事務所の方がテレビ局に入構するのは、なかなかハードルが高いわけです。私はどのテレビ局のテレビ番組にも似たような芸能人しか出演していないのは、実はそれが原因だと思っています。

テレビを見ているといい番組も多いですが、それ以上に報道の杜撰さ、通り一辺倒さを感じることが、皆さんもあると思います。

よくマスコミの情報操作だとか、黒幕の影だとか、いろんな陰謀説的なものから、主義思想的な扇動とかまで、いろいろ邪推されるのがマスコミですが、でもその報道の在り方って、テレビ局の内部にいると、そんな大仰な理由でないことがわかります。その杜撰さの原因の大部分は、マスコミの内部に思想的な深い真意があるわけではないのです。

では何か？　それは、スタッフがあまりに多忙で日々の仕事に忙殺されている、究極的には面倒くささが、その雑な仕事にも現れているだけなんだと思います。

そんな理由で？　そう思われる方も多いでしょう。

一時期、築地市場の豊洲への移転問題と、相撲問題ばかりがテレビで取り上げられていましたよね。では、それはなぜだと思いますか？

そのネタを取り上げると、視聴率が取れるから。

当然その理由は大きいです。でも数字が取れる案件はもっとあるはずです。

なぜ築地と相撲が突出していたのか？

それは、そこに明確な報道姿勢やジャーナリズム精神があるというわけではなく、実は、築地と両国国技館の距離が都心のテレビ局に近かったから、それだと移動費もかからず、取材がすぐ行えるからというたったそれだけのことだったりもするのです。

そんな理由で……。なんかむなしくなりませんか？

でも、これがある意味、今のマスコミの真実だったりもするのです。

雑多な人と接触し、情報を寄せ合い、そして情報の混交が進む、それが果たせないのなら、もはや都会に集まっている意味がそもそもないのではないでしょうか？

例えば都会の高層インテリジェントビルに入居している会社は、総合受付で入館受付されたのに、その会社の入り口で再び入館受付しないと入れなかったりしますよね。あの二段認証って本質的に意味があるのでしょうか？（総合受付という条件を飲んだからその会社がそのビルに入居できたという理由以上に）私には意味がないと思えます。つまりそんな風に情報交流を限定的にするならば、本来の意味で都市に集まる必要はもはやないのです。

渋谷の高層インテリジェントビルの中で隔離されながら働いているＩＴ企業。でもその中で働く人は日中ほとんど外部の人と会うことはなく、ほとんどの情報交換をＳＮＳで済ませるそうです。一番外部の人と接触するのはその渋谷にやってくる際と帰宅する際の満員電車の中という、なんとも悲しい現実です。

障壁をつくって外部との交流をシャットアウトすることが有効なのは、その内部が内部だけで成立するほど豊潤な多様性を持つ時です。しかし今や日本自体も、日本の各業界も、日本の会社も、その豊潤な多様性を持っていない。

なのに日々セキュリティを厳しくすることに社会は躍起になっています。

それだと徐々に中から腐敗していくのではないでしょうか？

産業革命で都市が変容したように、現在の情報革命で都市も変容を迫られています。つまり、その環境の中の我々の意識自体もどう変えられるか？　それは、今までのような人口の集中化、情報の集積化が有効なのか？　という命題を現代の私たちに突きつけてもいるのです。

今こそ、新たなコミュニズム（共同体主義）を考える必要が、われわれ社会にはあるのです。

3-5

Cultivating
The World

インターネットはお金である

これからのお金とビジネスの話

バンドを組む

「お金に代わるもの」としてインターネットは存在しているのです。つまり、「インターネット上でお金を儲けよう」って考えていること自体が、インターネットの使い方としてまだ過渡期なんじゃないでしょうか。「インターネットで情報を共有してその情報を最適化する」こと自体が、やがてお金に換わるのです。

例えば、りんごをつくり続けているだけでいろんなものを買えると、自分がりんごを持っていれば、そのりんごを渡すことでみかんを買えるから、みかんを買うためにお金を持つ必要がなくなります。そしてそのりんごの代わり、つまり信用の担保としてお金が存在しているのですが、信用の担保をネット上のシステムで代替してしまえば、お金は要らなくなります。

それがつまりＮＦＴ（Non-Fungible Token、非代替性トークン）の隆盛なのです。

ではそんな社会で、私たちの生き方は、働き方はどう変わるのでしょうか？　自分も会社を辞めてこれからの組織の形はどんなものになるのか。そんなことを考えていた頃、私はムーンライダーズという１９７６年から続くロックバンドのツアーに同行させてもらったことがありました。高校時代から大好きなバンドの〝追っかけ〟です。

そして、バンドのメンバーと一緒にいて気づいたのです。

これからの仕事における個人と組織の形態は〝バンド〟なのではないか。バンドのメンバーは友達ではありません。だからといって会社の同僚というのとも違うのです。同じ意思を共有した、その意思を達成するために必要不可欠な構成員とでも言いましょうか。

バンドには普通ベースは２人いません。ギターだって、弾いているパートが違います。その都度その都度楽曲に合わせて、自分のパートに責任持って、時には一緒に歌い、楽器を奏でるのです。もしこれが個人１人だと、当然ソロアーティストという方はたくさんいますが、１人だと使える楽器は限られますし、１人で演奏しようとしてもやはり限界はあります。ライブをやるにもサポートメンバーが必要です。

個人が個人でやれることにはやはり限界があり、１つの意思共有した個人同志がバンド（結束）する必要があるのです。

つまり、個人が個人同士で各パートを受け持ち、やりたい企画、やるべき案件をそれぞれが遂行していくような、まさにちょうどいい人数の集団（バンド）が求められます。

そのバンドが3ピースなのか、交響楽団のような大人数バンドなのかは、それこそやりたいプロジェクト次第だと思うのですが、情報革命が進む中、ＳＮＳを通してデジタルでコミュニケーションするのは大前提で、その社会の中を同じ意思をもって進むアナログのリアルな関係を持つというのが、これから個人で独立する人には、あるいは、組織自体の構造としても、求められているのではないかと考えています。

固定メンバーが全員そろってステージに立つのが大原則

今までの組織というのは、人間同士の距離は物理的に近いのに、むしろ距離感を感じる関係のような気がしてならないのです。

営業部が何部もあって競わされたり、何か企画を立ち上げようとしても関係各所のお伺いを立てて、ハンコをもらって、というような大きな組織にあるようなピラミッド型の上下関係だったり、それに起因する組織の硬直性はむしろ邪魔です。

バンドとは、メンバーの入れ替えはきかず、固定メンバーが全員そろって初めて成立するユニットであって、メンバーの誰が欠けても音楽は奏でられません。

その点で、ＡＫＢ48とは質的に違うわけです。ＡＫＢ48の場合、総選挙やじゃんけん大会でメンバー構成や編成が変わり、メンバー間が常にポジションを争っています。

それはＡＫＢ48という1つのフレームがあって、その中に同じ役割を演じるタレントが放り込まれて競争するという競争原理で成り立っているわけです。

ところがバンドは、互いが支え合う関係で成立しているユニットです。クリエイティブの考え方で意見が対立することはあっても、ステージへの出演や楽器をかけてのライバル関係になることはありえません。

これからの社会は、もうポジション争いをしたり、順位を競ったりする偏差値教育みたいな制度は壊れていくことになります。バンドはＡＫＢのようなメンバー入れ替え可能なユニットではなくて、年齢や役職による上下関係もなく、それぞれのメンバーがタレントして参加し、みんながフラットな関係で活動をしていく仲間です。

これからはロックバンドが、自分たちの奏でたい音楽を演奏するように、会社員の人たちも会社という組織を離れ、それぞれの人が自分の好きな仕事をするために、自分の考えに賛同してくれる多様なスキルを持った人を集めて「バンド」をつくって仕事をしていくことが多くなると思います。もし仮にこれからも変わらずＡＫＢ48のような競争原理が人気を維持するようだと、日本は全く変わっていないという証です。その点で、ＡＫＢ48は日本の社会の状態を知る上でバロメーターになっていると思います。

すでにおわかりかと思いますが、ここで私がバンドとかＡＫＢとか言っているのは1つのたとえで、ロックバンドが気の合う仲間とともに音楽を奏でるように、あなたがやりたいプロジェクトのためのバンドをつくるべきだと言っているわけです。

例えばそれを音楽のバンドにたとえて、「プロジェクトバンド」と言ってもいいでしょう。つまり人は何かしたい仕事があれば、自分でプロジェクトバンドをつくるか、それとも他の人が立ち上げたプロジェクトバンドに参加させてもらうかのどちらかで仕事をしていくのです。

稼ぐことの意味

企業の論理としては、アクセスを増やしたり、スケールを大きくしたりすることはビジネスとしてとても重要です。でも、その渦中で今まで確実に存在していた「ヒューマニズム」が薄れていったのではないでしょうか。

テレビや出版でいうと、例えば不動産を持っているとか本業とは違う別収入がある企業の方とかが、文化をある意味ヒューマニズムで行える傾向があったりもします。文化の行為の方は、稼ぐことの二の次でいいや的な。古来、王侯貴族のサロンで文化が育まれたように、もしかしたら〝心ある〟お金持ちの道楽ｏｒ心意気として、〝文化を育む〟ってことしか解決策がないのかな、と少しかなしく思ったりします。

少なくとも今までの〝企業が稼ぐ〟＝資本主義というイデオロギー自体の転換点があらゆる分野で起こってきているのです。そしてそれがネットの登場でどんどん加速しているのは間違いありません。そしてこのコロナ禍でさらに加速しています。

〝稼ぐ〟ということの意味自体が変わる契機なのかもしれません。
ネットで稼ぐという今の行為自体も、その過渡期の産物なのかもしれません。

『話題の○○』という話題。例えば自分がフォローしている人があるトピックの情報を盛んに取り上げると、それが自分のタイムラインにどんどん流れてきてそれはさも世間で流行しているように感じられるのだけれど、その人のフォローをやめるとその情報はほとんど入ってきません。所詮、世間の話題なんてのはその程度の確かさでしかないのです（これ、試しにやってみてください、びっくりするくらい（呆れるくらい）入ってくる情報が質量共に変わるので）。

しかし話題になったり、取り上げられたりすることと、その○○を自分がいいと思うかは本来関係ないことなのです。その○○を取り上げている人が、取り上げられることばかり気にしている人だったりすると、○○への自分の興味はむしろどんどん薄れていきます。

宣伝とかＰＲとか広告などが、本当に今転換点を迎えていると思うのです。わかりやすい文言で、著名人に推薦されて、今話題の○○、キャッチフレーズを考えて、バズる仕掛け、ターゲット等々、そういう手法がやり尽くされて、そんなものばかりがあなたを襲ってきて、なんかむしろ嫌気を感じてしまっていませんか。

この嫌気現象は、企業だけじゃなくて、国家だったり、学校だったり、個人だったり、あらゆる社会で、増しています。ならば、話題の○○、もうそういう類の話を、もう話題にしなくていいんじゃないでしょうか。

人新世のメディアの価値の転換

思い返せば自分が学生の頃はCMを見るの好きでした。むしろ番組よりCMを見ていました。今はテレビを点けるとCMがすごく見たくないのです。これ買いましょうと勧められるのがなんだか気持ちが悪くて。この差は何なのでしょう？

CM自体の表現の優劣ではなくて、販売促進＝資本主義広告ビジネス自体がもう地球環境に不適合なんだと、CMを見るたびに感じさせられてしまうからかもしれません。

とすると広告収入に依存する民放テレビ、広告代理店のメディアバイイングという視聴率ビジネスシステム自体が、もう地球環境に合わなくなっているのかもしれません。いわゆるテレビ離れという現象は、演出の中身（コンテンツ）のことが議論されがちですが、それよりも外枠（フレーム）の方に、その核心があるのかもしれません。

タレントという職種は、その「広告＋メディア」というビジネスシステムで成立してきた職種で、とすると広告モデルの崩壊で、それ自体がやがて（すでに）成立しなくなります。するとタレントビジネスで成立している芸能界という仕組みも早晩維持できなくなります。

一方、ネットでもソーシャルメディアでもYouTuberですら、大概が広告ビジネスです。そういう意味では、テレビ→ネットに変わっただけで、その変化はまだまだ過渡期なんだとも言えます。ポスト資本主義の、人新世の、現代の地球環境で、タレントという人たちがこれからどう生み出されていくのか？ どう生きていくのか？ というのは、実はポスト資本主義と人新世自体のこれからの趨勢《すうせい》を占っているんだと思うのです。

新聞を購読している人はどんどん減っていますが、それでも新聞読んでいる人に伺ってみたことがあります。すると地方版の記事がむしろ有益でおもしろいとおっしゃっていました。1面のネタはむしろテレビでも報道されますし、ネットでもみられます。ですが地方の小さいネタはテレビではほぼ報道されないし、なかなかネットでも見つからないからというのです。すると、地方のネタをわざわざ取材することこそ、これからの新聞情報の価値なのではないでしょうか？

同様にテレビの各地方のネット局も、東京の系列キー局の番組はネット配信で見られるようになり、全国放送の基地局であることは最早意味がなくなってきています。むしろその地方の独自情報を放送とネットを使って全国に逆流させることにその地方に存在するメディアとしての存在意義があります。地方の時代とは、その地方の新聞とローカル局がむしろ牽引すべき責務があるのかもしれません。

メディアとは、媒介という意味ですが、実は情報というのは、ただ自然と情報源から発信されるわけではなく、どんな情報がおもしろいか？ 意味があるか？ という意図があり、問いを立て、取材をして、編集することで、むしろイキイキと生きてくるんだと思うのです。もし新聞もテレビも、その取材のプロを自認するならば、その能力こそ、メディアとして存在する真の価値なのです。「ネットで話題の〇〇」を、東京から発信するだけならば、その存在価値は最早いらないのです。

ビジネスをカルチャーにする

先日あるクライアントの方とこれからの番組（動画）的コンテンツのアイデアを議論していて、ここ数年（自分的感覚だと2年）で、テレビとネットのメディア価値、芸能人タレントと非芸能人タレントのキャスティング順位、コンテンツに求める意義が、ことごとく変わったことを実感しました。多分閾値《いきち》を超えたと思うのです。

それはどういうことでしょうか？

芸能界が反転した文化的転換点が２０１７年11月の元ＳＭＡＰの３人が始めた新しい地図のAbemaTVでの72時間ホンネテレビで、そこからNetflixなどが隆盛して5年経ってついにマスメディアと広告業界も確実に反転したと思います。ここからさらに経済的にも構造的にも転換がどんどん進んでいくでしょう。

この構造的転換、自分がプロデューサーという職業だから本当に実感しているのです。

例えば、テレビ局を辞めた直後の２０１７年には、まだテレビとのパイプが私のプロデュース力の源泉でした。しかし最近の実感では、むしろ非テレビ的な場で、演出力やキャスティング力をプロデュースすることの方が、むしろクライアントに強く求められている印象です。

例えば先日見たAbemaTVでの新しい地図の番組『ななにー』では堺正章さんがゲストに来て、かつてテレビで一世風靡した隠し芸ネタのテーブルクロス引きを、まさに新しい地図の皆で延々と挑戦している企画があり、そのカットせずにある種ダラダラと配信し続けるライブ感がすごくおもしろかったのです。

もしこれを今の地上波テレビというフレームでやっていたら全く逆の見せ方になっていたと思います。つまり編集でかなり短くつまんで、煽りナレーションで過剰に演出して、むしろつまらない企画に成り下がってしまうのです。このことは、場の転換、つまりマスメディアとソーシャルメディアの価値の構造転換を意味します。これから、例えば、〝おもしろい〟ってことの意味と価値自体も場の転換とともに変化していくのです。

これから、例えば、〝クライアント〟とか商品自体がメディアになると私は確信しています。マスメディアに広告料を払ってヒト・モノ・コトが紹介されるのではなく、ヒト・モノ・コト自体がメディアになる時代です。それは圧倒的転換です。

すると、それに合わせて〝おもしろい〟ということの意味と価値自体も転換していくのです。その転換のキーワードは「ビジネスをカルチャーにする」。

ビジネスをキャンペーンやその場しのぎの焼畑農業ではなく、永続的にサスティナブルに運営するために、自らがメディアになり、自らがそれを（魅力ある）コンテンツとして発信していく。つまり、あえてテレビという既存フレームで例えれば、15秒のCMではなく番組自体になることなのです。

第4章

教養としてのエンターテインメント

次の第4章は、エンターテインメントをあえて教養してみます。

エンターテインメントは娯楽と訳されますが、エンタメと略されて、映画、テレビ、演劇、書籍、ネットメディア、ライブコンサート、イベント、アミューズメントパーク等々、まさに日々の暮らしと文化と、そしてエンタメ業界・エンタメ産業として経済活動となっています。

しかし、日常に近い分、一般に用いられる（高尚な意味での）教養と比較され、低俗だと思われがちな側面もあります。私が従事していたテレビ番組でも、よく「低俗だ」「教養がない」などと言われたことが多々あります。

しかし、それだからこそ、エンタメをこの本では教養として捉えてみようと思うのです。まさに教養のエンタメ思考です。

それには、私の3つの長年の想いがあります。

まず、1つ目は、自分が30年近く関わってきたエンタメを教養として捉えてみるとどういうことが見えてくるか？を単純に知ってみたいからです。自分が生業にしてきたエンタメ業界・テレビ業界・芸能界というのは、やはり特殊なギョーカイなのですが、それだからこそよく言えば人間味があるというか、悪く言えば属人主義というか、そんな泥臭さの中に感じる、人間のピュアな欲望を感じるわけです。その本質を捉えてみたいのです。

そして2つ目は、そもそも私の人生は、私の知的好奇心が赴くままにどんどん追求していくことが、結果的にエンタメだったからです。つまりエンタメを想像して創造する行為自体が私にとってエンタメそのものであり、一番の教養であると自負しているからなのです。そして本章では、そう自分が思える所以を少しでも紐解けたらいいなと考えています。

最後に3つ目は、エンタメ＝娯楽、であるということは、皆さんにとってのエンタメとして、教養を再定義してもらいたいからなのです。日々の学問である教養するという行為自体を、皆さんの日々の快楽である（もしかしたら息抜きである）エンタメとを接続してもらいたいのです。もっとはっきり言えば、皆さんの人生を教養することが人生のエンタメになって欲しいのです。

教養することがエンタメである世界、それがバラエティプロデューサーであり文化資源学研究者である私にとっての、一番ワクワクする世界です。

教養だって、エンタメだって、それこそ人生だって、ワクワクすることから始まるのです。

皆さんのワクワクが湧き上がることこそが、実はエンタメなのです。

そんなワクワクを創造する、エンタメ思考を体得してみてください。きっとあなたの世界が変わると思うのです。

それでは、エンタメを享受しながら、教養することにワクワクしましょう！

4-1

Cultivating
The World

学問をプロデュースする

知的好奇心とエンターテインメント

文化資源学

２０１９年より東京大学文学部大学院に在籍しています。専攻は、『文化資源学研究専攻・文化経営学』。

もともとは前年の18年5月に立命館大学の小川さやか教授と大阪のスタンダードブックストアでトークイベントしたところに話は始まります。

文化人類学者でタンザニアの研究をなさっている小川さんの話がおもしろく、イベント終わりに一緒に飲みに行って、その時ふと言われたのでした。

「角田さんも大学院行けばおもしろいですよ！　社会人専攻とかありますし」

その一言で、おもしろい！ やってみよ！ と思ったわけです。ただその時、小川さんに言われたのは、

「何を学びたいか？ 学びたい先生がいるか？ で、専攻は選んだ方がいいですよ！」

早速東京に戻ってすぐいろいろ探ってみたら、東京大学の文学部のホームページを見た時に現れたのが『文化資源学』だったのでした。

「文化資源学？ なんだそれ？」

これが第一印象。でもそのホームページに書いてある文化資源学の解説を読んでみました。

「世界には、「かたち」と「ことば」の膨大な蓄積がある。文書とは書かれた「ことば」、文献とは書物になった「ことば」である。多くの人文学・社会学系の学問は、もっぱらこれら「ことば」を相手にしてきた。ところが、現代では学問領域があまりにも細分化されたばかりか、情報伝達技術の発達が「ことば」とそれを伝えるメディアとの関係を希薄なものに変えてしまった。

　しかし、「文字」が発明された時点から、「ことば」はメディアの具体的な「かたち」と無縁ではなかったはずだ。両者を切り離して考えることはできない。「かたち」は「ことば」を拘束するが、一方で、それらの伝達や　保存に対してさまざまな可能性を与えるからだ。

「ことば」に向き合おうとするならば、「文書」や「書物」という物体、紙や石や木という物質、筆やペンやコンピュータという道具にも目を向ける必要がある。

一方、「かたち」をもっぱら研究対象とする既存の分野は、文学部においては美術史学と考古学ぐらいだが、いったん学問領域が設定されると、そこからは美術作品ではない、あるいは考古遺物ではないという理由で、無数の「かたち」が視野の外へと追いやられてしまう。

そこでは「ことば」をめぐる学問とよく似たことも起こる。すなわち、「かたち」をめぐっても、それを現実に作り出している物質や物体に対する関心が希薄になりがちなのだ。絵画を例にとれば、描かれた画像は絵画本体を離れて、版画や写真や印刷物、テレビやインターネットなどのメディア上をいくらでも移動可能である。そうした画像のみを論じることも大切な研究である。しかしまた、絵画の形態（壁画、襖絵、天井画、掛け軸、絵巻、絵馬、額装画など）や物質的な側面は、そもそも絵画とは何であるかを考える重要な手掛かりとなる。絵画の形態は、それがそれぞれの時代にそれぞれの場所でどのような役割を果たしていたかを教えてくれるからだ。

文化資源学では、さらに「おと」の問題も視野に入れている。ここでは「おと」という目には見えないものが、どのような「かたち」（身体、楽器、音符、楽譜、音楽学校、コンサートホール、レコード、テープレコーダー、ＣＤ、音楽配信サイトなど）をともなって生まれ、伝わるのかをも考えようとしている。文化資源学とは、いわば既存の学問体系の側に立つことよりも、体系化のもとになった資料群の中に分け入ることから始まる。文化を根源に立ち返って見直し、資料群から多様な観点で新たな情報を取り出し、社会に還元することを目指している。

あえて「資料」ではなく、「資源」を使う。資源は英語でresourcesという。sourceの第一義は水源であり、川や流れの始まる場所である。そこにreが加わることにより、水源に臨むという意味が強められている。源泉からもう一度考え直そうというわけだ。」

（東京大学大学院 人文社会系研究科 文化資源学研究専攻ホームページより）

これを読んだ瞬間、私は思ったのでした。

「私の職分として名乗っている、バラエティプロデュースとは、つまり文化資源学のことなんじゃないのか？ これ、私がやらなきゃいけない学問なのじゃないか？」

例えば、学問（勉強）には、研究者はいるし、教師はいるし、生徒はいるけど、プロデューサーはいません。学問にプロデューサーという職分はないのです。

学問って、もっとエンタメにできると私は常々思っていたのですが、それはあくまでもっと興味深くておもしろい知的エンタテインメントをテレビ番組とかイベントとか書籍とかでまだまだやれるのになあ、とかそれくらいのレベルで考えているだけでありました。

しかし、東大で文化資源学を学んでやっと気づいたのです。

学問〝自体〟をプロデュースすればいいのです。私は自分の職分をバラエティプロデューサーとして、それこそいろんなヒト・モノ・コトをプロデュースしようと思ってやってきましたが、学問自体のプロデュースというところまでは思い至らなかったのでした。

そして、その『学問のプロデュース』が実は一番私の人生で意味のある『知的好奇心』とまさに合致している行為、つまり教養としての人生なのです。

今までプロデューサーを15年以上やってきて、テレビマンを30年近くやってきて、なんかお金を稼ぐとか、人気コンテンツをつくるとか、話題になるとか、バズるとか（それらはどれも大切な行為だけど）、私にはどうも違和感しか感じられなかったのです。

それ、やる意味ある？　私が、やる意味ある？？

それこそ、人生をかけて、やる意味ある？？？……そんな違和感しかなかったのです。

でも、ようやく気づきました。

「学問をプロデュース」すればよいのです。

エンターテインメントを考えてみる

現在の私は、バラエティプロデューサーとしてエンターテインメント業界を主軸としたビジネスを行い、また文化資源学研究者としての自分の使命として、アカデミック領域とビジネス領域とクリエイティブ領域を横断する新たなエンターテインメントの創出にも現在挑んでいます。

その「アカデミック領域とビジネス領域とクリエイティブ領域を横断する新たなエンターテインメント」創出のためには何が必要でしょうか？

それは各領域を連関する知の感応的な喜びを体現することです。

知の喜びとは、言うなれば我々が知に本能的に感じる官能的エロティックさであり、知の襞に存在する機微を、自分のさまざまな器官を通して感応することであり、まさに知を官能することなのだと思っています。

翻って現在いわゆる教養番組と言われるジャンルのテレビ番組も、YouTubeをはじめとするネット動画の勉強動画でも、知に求められているのは、人生に役立つ豆知識だったり、どれだけ効率的に勉強するか（得点を取るか）というスキルだったり、社会人として最低限必要な基礎知識だったりと、機能性・効率性ばかりが重視され、その官能感が著しく欠如しています。

一方で、ネットでは猥褻な、それを低俗と落とし込むことで、あえて見せ物として、人間の官能を刺激するためだけにつくられている欲望のエンターテインメントが無数にあります。

この知とエンターテインメントの官能の断絶、これこそが、知への探究という人間本来の本能、あえて言えばヒト（human）を人間（human being）に進化させた知へのエロティックな欲望を遮断しているのではないでしょうか。

生物学的なヒト（human）と文化的な人間（human being）の違いとは何なのでしょう？日本語の漢字で言えば、〝人〟に〝間〟を付けたものが〝人間〟です。

ヒト（human）を文化的な営みを持つ人間（human being）とするには、〝being〟という状態（存在？）が必要なのであり、それは漢字で言えば〝間〟なのです。つまりヒトと人が存在する中での間《あいだ》が〝間《ま》〟であり、その〝間〟が存在することで、ヒトは人間として生きていけるのです。

この考察は私の空想が行き過ぎているのかもしれないですが、それを許していただけるのであればさらに妄想が膨らみます。

日本語の空間にも〝間〟が存在し、時間にも〝間〟が存在します。そして文化資源学のひとつのフィールドである〝世間〟とはまさに〝この世の間〟なのです。まさに人間を、空間を、時間を、世間を、そこに存在するさまざまなbeing＝〝間〟を探究することが、ヒトを人間たらしめる根源的な知的欲望なのです。

そしてヒトとヒトが触れ合うことで、互いの間にbeing＝〝間〟が生じ、お互いをお互いが〝間〟を通じて感応し合います。その感応とはさまざまな情報が交錯することであり、その際に必要なことは、お互いが官能性を抱くことなのではないでしょうか？

このさまざまな〝間〟の官能性のメカニズムへの探求こそが、エンターテインメントなのではないかと考えています。

文化資源学とは、「知へのエロティクな欲望、そして知を智にする営み」なのです。

ヒト・モノ・コトは間にある存在

ドイツの精神分析家エーリッヒ・フロムは人間を「間にある存在」だと述べています。それは人と人の間、人と自然の間、人と社会の間にある存在なのです。自然の一部でありながら、自然から独立している。社会の一部でありながら、社会から独立している。他の人間と共通するところを持ちながら、他の人間とは違う。

このような存在の分裂の状況の中で、相互調整をし、その都度の解決を見つける理性が発達します。また、特に人間同士においては他の人間との相互尊重としての愛が発達してきます。

そしてフロムはさらに続けます。そのような「間にある存在」としての人間に特徴的な性格とは、他の人間や物事に「関心」をいだくことなのです。

英語の関心はinterestという言葉ですが、この言葉の語源はラテン語のinteresseで「間」と「存在」を足した言葉です。つまり知的好奇心とは、「間にある存在」である人間が各存在の間に生じる感覚であり要求であり、人間であることの根源的理由なのかもしれません。

しかし、あるヒト・モノ・コトと他のヒト・モノ・コトの間には距離があります。

ある極論とその対極を出してどっちかのスタンスでないからあなたの生き方や考え方は矛盾してますよね……って言説や指摘や説得、そういうのがホント多い世の中ですが、実際のヒト・モノ・コトはその極論と対極の間のグラデーションでしか存在できないという事実がストンと抜けているという、それこそがまさにダメ極論なんだと思うのです。

物事はそんなに簡単ではないし、1⇔0というデジタルではない。

ヒトが絡んでくると尚更そうです。

何事も簡単に言うこと、説明すること、理解することがエンタメに求められて、むしろこの世界の大切な難しさが捨象されてしまう時代です。

本当に大切なことは、その難しさと、それを解決できないまでも、どう対峙するかってことだと思うのです。

つまり、それこそ、ヒト・モノ・コトの間にあるグラデーションを捉えることが、今エンタメに求められているのだと思うのです。その間がわからないと、まさに〝間抜け〟です。

では、そんな間に生じるグラデーションを、私たちはどのように感じれば、いいのでしょうか？

4-2

Cultivating
The World

人生とはロケとロケハンである

書を持って、街に出よう

人生とは全て、ロケとロケハンである

そもそもテレビを長くつくってきた私は、「人生とはロケとロケハンである」と思っています。つまりロケ＝ロケーション撮影というエンタメの本番をどこでするかというリサーチの旅が、ロケハン＝ロケーションハンティングなのです。

実際ロケで撮影しても、一度でうまくいかなければテイク1、テイク2と撮影を重ねます（私は最高でテイク16したことがあります）。さらに言えば、そこまで苦労を重ねて撮ったいい映像も、のちの編集段階でカットされる場合も多々あります。そのカットの理由はそれこそさまざまです。いいシーンでも、全体時間がオーバーしていれば泣く泣くカットですし、そのシーン自体はいいシーンでも、番組全体で話をまとめたならば、結果いらないシーンだったりすることもあるからです。

この人生の瞬間瞬間のロケ（本番）が、想定通りにはいかず失敗することも多いですし、そのロケの瞬間は楽しかったとしても、あとで振り返ったら余分だった、意味がなかったと後悔することって、皆さんの人生でも経験されることが多いと思います。
なので、そういう失敗や後悔の可能性を少なくするためにも、私たちテレビスタッフはロケハンを入念にするのです。

どこで撮ると美しい映像が撮れるか？
そのためにはどこにカメラを配置すればいいか？
照明はどこに配置するか？
その照明の電源はどこから取るか？
出演者はどこから入ってくるか？
入り方は？
板付《いたつき》（はじめからその場所にいる）か？
どこへ出ていくのか？
終わり方は？

……等々の撮影本体にかかわるリサーチから、

そこまでどういう経路と交通手段で向かうか？
時間はどれくらいかかるか？
どんな人と出会うか？
何を食べるか？
どこに泊まるか？
費用は？

……等々、あらゆるロケ（本番）のためのリサーチとシミュレーションがまさにロケハンなのです。さらに言えばロケハンとは、ロケ本番が決まっているから準備のためにする行為だけではなく、まだロケが決まっていなくてもそのロケに使えるだろう〝アイデア探し〟としても存在しています。

例えば休みの日にある温泉地に泊まりに行って、いい宿や美味しい料理に出会ったりすると、「今度紹介する番組をつくることになったら、この旅館とこの料理を紹介させていただこう！」とか常日頃考えています。何か新しい行楽地やスポーツ、娯楽などを体験しても、「今度これ番組の企画にできないかな？」って思いますし、映画を見ても美術館に行っても、誰かと話しても、それが次のロケにつながるのです。つまりロケハンとはアイデアのハンティング、アイデアの源泉探索だとも言えます。

これを私たちの人生と捉えてみると、ロケというアウトプットとロケハンというインプットを繰り返しているのが、まさにエンターテインメントなのです。

なので、人生の日々の行動は、どこまでがロケハン（リサーチ）で、どこからがいざロケ（本番）なのかの違いしかなく、その本番のロケを上手く実りあるものにするべき行為、準備、リサーチ、アイデア出しが、それこそ日々のロケハンなのです。

しかし、歳を重ねてくると、ロケとロケハンをただ、日々のエンタメとして行っているだけでは物足りなくなってきました。つまり、そこにより知的好奇心を刺激するエンタメ以上の〝何か〟を求めるようになったのです。私にとってはそれが、文化資源学なのでした。

私が考える文化資源学とは、つまり、ロケハン段階でそういうさまざまな外部環境に自分を接触させて、そこからくるインスピレーションが、次第に具現化されて実際に実行するロケがくる。さらにそのロケをうまくやるために、入念にロケハンという下準備をするという行為を導く際のインプットとアウトプットの研究だとも言えます。

何かまわりの環境と自分が触れた時に、その環境をどう感じるか？　どう体験したか？　どうその後の自分が影響されたか？　そしてそれが自分の人生をつくっていき、やがてそれが自分の周辺や社会や世界、つまり環境にまで影響していく……情報と体験のフィードバックを自分と環境の間でインタラクティブに繰り返すことが、自分の人生の達成感や充実度を増すことなのだと思うのです。

尊敬するリベラルアーツ研究家の麻生川静男さんに以前これから学ぶべきはラテン語とプログラミング言語と伺いました。

絵画も音楽も落語も学んでみたい。サーフィンとかトレッキングとかもやってみたい。

そんなことを思いながらも日々は流れていきます。なかなかやれないこともあります。

なんでもないたいしたことない、ささいな消えてしまいそうな、0・1%のモノやコトだとしてもそれを1000個集めたのならそれで100%になる。

これに気づいた時に本当にゾクゾクしました。マスなど取りにいく必要はないのです。

それぞれの小さな0・1のモノやコトに寄り添ってそれを拾いあげればいいのです。

ある道でプロになってバリバリ生きていくというのはもちろん素晴らしいけど、いろいろやってんだけどなんか結局生きていけてるって感じくらいの、チョボチョボで生きてるのもいいなと思うのです。人間、歳を重ねていくと、いろんなことが見えてきます。そんな中で、世界の仕組みと構造がもっと知りたい。……この知的好奇心への欲望、私には、そしてこの本を手に取った読者の皆さんも、年々歳々強くなっているんだろうと思うのです。

情報をインテグレイト（統合）して、
縁起をエクスプロア（探索）して、
例外をディスカバー（発見）して、
想像をストラクチャ（構築）して、
現実にプロジェクト（投影）する。

こんなプロセスを経て、知を智にする営み、それが教養としてのエンタメなのです。

空想を広げてみる

現代の日本に存在する通奏低音、日本のメタファーはなんなのだろうか？　私はよくそんなことを考えてみます。つまり何かを何かで見立ててみる。

日本を理解する上での日本のメタファーとは？　いい意味でも悪い意味でも現代の日本や日本人の行動様式を顕現しているものとは？　私は、考えているうちにふと思いつきました。

それは「テレビ」ではないか？

高度経済成長期に現れたテレビは、昔は家族団欒の象徴でした。夕飯は家族一緒にテレビを囲んでしました。お父さんはビールを飲みながら巨人戦を観る。それが終われば、バラエティや歌番組を見て、早く寝なさいと怒られる子どもたち。主婦のお母さんは朝の連続ドラマを楽しむ。映画だって映画館で見る以上にテレビのロードショーを楽しむ。日曜日はサザエさん、大晦日は紅白。つまり日本人にとってのいろいろな娯楽を楽しめる魔法の箱がテレビだったのです。

欧米では家族の憩いはホームパーティーや音楽会などが主流でした。

でも田舎から高度経済成長期に上京してきた人たちにとってはそんなエンタメを楽しむ裕福さや家の間取りはありませんでした。そのかつてウサギ小屋と揶揄された、日本の都市の家屋では茶の間の団欒の中心はテレビだったのです。

核家族化が進み、テレビも1人1台の時代から、いまやスマホで個人が見たい時に見る時代。それも今やテレビ局が全国くまなく電波を使って一律な情報を一様な時間で放送するテレビのネットワーク放送から、YouTubeなどのオンデマンドのネット配信が主流になりつつあります。

それって、今の日本人の行動様式を如実に表しています。

さらに、情報や報道のスタンスやあり方も、バラエティ番組が日々流す、すごくドメスティックな内輪受けのお笑いも。その番組内容の質のあり方が、すごく現代日本の頭の中の縮図になっていると、私には感じられてなりません。国会では議員の方々がフリップを使って説明します。そこにヤジまがいのリアクションする他党の議員たち。あれ、テレビでよく見る光景ですよね？

私は国会の議論のそんなやり取りを見ている時よく感じます。テレビのひな壇番組でやっているやり取りと構造が全く同じじゃないか？と。

そして今やテレビのパワーが（いい悪いは別にして）以前ほどの力を持っていません。それって今の日本の世界の中での相対的地位の低下を現しているのではないでしょうか。

私がテレビマンだから、『日本＝テレビ』を感じるのかもしれません。

ならば皆さん、そんな風に自分たちを表象するメタファーは何かを、ご自身でも考えてみませんか？どう感じたって自由です。

大事なことはいろんなことに想いを馳せ、自分の脳内でその対象をイメージして見る。その想像力は、生きていく上でのエンタメになります。

4-3

Cultivating
The World

発展途上人

これからの〝発展〟とは何か？

日本はもはや後進国？

数年前、朝のワイドショーを何気なく見ていたら、ソフトバンクの孫正義さんの発言が取り上げられていました。曰く、「日本は後進国になりさがってしまった」。

その原因の一端は、通信会社にも責任があるように感じるのですが（笑）……まあそれは置いといて、まあそうなのでしょうね。

でもそのワイドショーはさらに分析を深めていて、ある経済専門家が解説もしていて、実は日本はもともと先進国だったのか？　という疑問を呈していたのでした。つまり１９８５年のプラザ合意で急速に円高に人為的にしたことで、日本円の価値があがり、相対的に日本のＧＮＰが過剰に価値づけされて、結果ジャパンアズナンバー１という地位を得たのだけど、それはあくまで日本の円安貿易の力を殺ぐためのアメリカの人為的な施策でそう見かけ上見えただけで、その80年代も90年代も、日本国民の実質的豊かさは、欧米と比べてはるかに後進であったのではないだろうか？　と。ちょうどバブル景気で見せかけの資産は持っていたから、私たちは金持ちな雰囲気を醸し出していたけれど、それこそ社会インフラとか、余裕のある暮らしとかとは、確かに程遠いまま、そのあとのバブル崩壊、失われた10年、リーマンショック、震災と、日本は21世紀を早20年近く過ごしてきたわけです。

その間に中国にぬかれ、世界ナンバー2だと豪語していた経済も気分も落ちている……というのが、現況なんでしょうね。それが孫正義さんの先の言葉に現れるわけです。

でもそう思った時に、私はむしろこう思うわけです。というかもし私が政治家だったら、こう宣言したいわけです。

「日本は発展途上国である」

と、つまり先進国でもなく、そこに遅れをとっている後進国というわけでもなく、さらに後進国という言葉を20世紀後半に発展途上国と言い換えたわけですが、私たちがイメージする発展途上国って未開という旧来のイメージがありますが、その意味ではなく、むしろ字面のそのままの意味での、発展途上国。つまりこれから発展するためのまだ途上にある国、という意味です。

で、ここからが、ポイントなのですが、そんな発展途上国の日本の、これからの発展とは何か？　その発展の価値観を、今までイメージするような、開発だったり、産業の振興だったり、人口成長、経済発展というのではない〝発展〟とは何か？　というのを再定義しましょう！という行為も含めての発展途上国なのです。

つまり、新しく発展というキーワードを再定義することで、その新しい発展を、これから行うのが日本社会であり、日本国なのだという決意を表明することなんだと思うのです。

少子高齢化だ、労働人口不足だ、ではなく、一方でＡＩに仕事が奪われてしまう、貧富の格差が拡大する、ではなく、さらに自然環境の激変にもあらたな施策が必要な中で、私たちがどういう選択をすることが、発展なのかということを考えていくことが必要なんだと思うのです。それって、「日本を取り戻す」というのとは違うのです。あらたに問い直す、「日本を問い直す」ということなんだと、思うのです。

発展途上人になる

憶えている方もいらっしゃると思いますが、それこそ80年代とかのお酒のＣＭで菅原文太さんが出演していて、「俺ら、発展途上人」というキャッチコピーのＣＭがありました。

当時学生だった私は、そのキャッチコピーっておもしろいなと思っていて、発展途上というキーワードを、それまで未開とか遅れたとかネガティブなイメージで考えていたことも転換されましたし、発展途上というのは、それこそ子どもや若い人のことをいうんだと思っていたのが、当時いいオトナの菅原文太さんが言っていることに、かっこいいオトナって発展途上人なんじゃないか？って感じたことが、思い出されるのです。

つまり、この概念って、さきほど「日本は発展途上国である」という言説の裏にもある概念なんだと思うのです。つまり日本は長い文化の国ですし、少子高齢化の国ですから、決して若い国ではありません。でもそんな国だからこそ、発展途上と名乗ることに、オトナの雰囲気を感じるのです。

まあ、実際今の日本が、自国のことを発展途上国と名乗ることはまずないでしょう。翻っていえば、だから日本はかっこいいオトナの国ではない（にはなれない）ということの証左でもあるのですが、少なくとも個人なら名乗れます。発展途上人、歳とってからがかっこいいって意味です。いつも山下達郎さんのライブに行くと、最後のお客さんへのメッセージで、「お互いかっこよく歳をとっていきましょう」っておっしゃるのですが、それがほんとかっこいいのです。かっこよく歳をとるってのは、どんな価値観で歳を重ねていくのか？ということかもしれません。私なんかまだまだまさに発展途上ですが、その価値観をいつも探求して生きているんだと思います。

小さく誠実な声が埋もれてしまう情報社会の新しい「知的生産法」

「広告」というものが、今までどうしてあったか。大量にモノをつくるから、大量に売らなければいけない。そのために大量に宣伝しなければいけなかったからです。大量に宣伝するということは、極端に言うと「必要ない人にまで、欲しいと思わせなければならない」ということ。ここに無理が生じるわけです。

だったら、まず欲しい人に告げる。告げてそれが本当にいいものであれば、勝手に広げてくれる。それはいいものだから。これが、先述した告げて広がる「告広」です。

私は長く身を置いたＴＢＳの番組プロデューサー職から２０１６年に独立しました。広告モデルが限界にきたというのが、辞めた理由の１つでもあります。逆に「告広」であれば、広告で広く告げる必要がない。もうテレビだけで活動する必要はないんじゃないかというわけです。

いらない人にまで売ろうとするからたくさん宣伝しなければいけなかったり、価格を下げたりするなど無理が出るわけで、欲しい人にだけ届くように丁寧につくって、中身も充実させたほうが本質的。「不特定多数」ではなく「特定適切数」に認知されれば続けられる仕組みにすればいいのです。ネットの恩恵で、誰もが好きなことで生きていける時代になりました。チャンスは平等に開かれていて、誰もが何かを売り始め、クリエイターになっています。

創造は、この世で一番の快楽をもたらしてくれるので、これは素晴らしい環境なのですが、ひとつ問題点があります。「結局、ＳＮＳ映えする人しか、世に出れなくなっていないか」ということです。玉石混交の情報があふれ、小さな声のメッセージは埋もれてしまう。多くのコンテンツクリエイターが「いかに目立つか」バズることばかりに苦心し、「ね、見て、見て」とアテンションの奪い合いでエンタメが消耗しています。

本質的にいいものをつくろうとするのではなく、奇をてらい、いかに目立つかに走る。本当がどうであれ、それが嘘であれ、本気に見える「態（てい）」に価値があり、上っ面だけ「映え（ばえ）」れば勝ちになってしまっています。声が大きな者、一握りの「コミュニケーション強者」だけが勝つ、こんな社会でいいのでしょうか。

例えばコミュニケーション強者とは……

①自分で自分を宣伝したり売り込める「心臓に毛が生えたメンタル」
②制作だけでなく営業ＰＲや調整までトータルでこなせる「器用なゼネラリスト」
③「映え（ばえ）」や「体・態（てい）」が得意な「嘘をつける人」

ここで問題なのは、このまま「映えれば勝ち」が続けば、「本当の文化が育たないのでは？」ということです。

創作にはフラジャイルfragileこそ必要

好きなことをサステナブルに続けられる仕組みを開発したい。

ある表現者は、ネットを全く見ないようにしていると言います。自分へのリアクションを目にしたら、表に出る人は出れなくなり、作品をつくる人はつくれなくなってしまう。現代は、反応が本人に届きすぎるのです。

確かに暴力的な反応はスルーしたり、投げ返したりすればいい。でもそれができる人はメンタルが強い人です。表に出る人やつくる人の中には、そのメンタルの弱さ繊細さこそがその人の輝きになって、珠玉の作品を産み出したりもする。その個性がいとも簡単に潰されてしまうことは、少々大げさかもしれませんが、人類全体の損失と言えるのではないでしょうか。

「売れる、ヒットする、話題になる、勝利する」

それを目指せる人は、それも生き方です。でも、そうじゃないけど素晴らしい人生や作品というものが確実にある。素晴らしい作品を産み出す〈弱さや儚さ＝フラジャイルをどう維持するか？が、これからのSNS2・0だといえます。

コミュニケーション強者以外の9割、つまり「繊細で、不器用で、嘘がつけない」作り手であったとしても、どんな人でも好きなことをサステナブルに続けていける方法を開発したい。

発展途上人とは、表面ではなく「本質」を追求する人のこと。小さな成功にあぐらをかくことなく、常に好奇心をもち、すべてのものから学び、己を進化させ続ける人のことです。よくないものをよく見せようと盛ったところで、そんなのは受け手にすぐにわかり、飽きられ一過性に終わります。私たちは、いつでも、幾つになっても、発展途上人なのです。

4-4

Cultivating
The World

リアクターReactorからアクターActorへ

バラエティ視点を持つ

投票とか視聴率とか、人は何で年代に分けて分析したがるのだろう？

ＳＮＳ上である人がつぶやいた何かへのある意見があって、するとそれに反論が沸き起こります。それがさぞ客観的な見方だと言いたげだけれど、結局一個人の意見や想いを軽視しているだけだと思うのです。その人が何歳だろうが、反対だから反対で、賛成だから賛成、嫌いだから嫌いで、好きだから好き、そんな個人の主観があるだけなのです。

年寄りだからやれ「言い様に惑わされた」だの、若い人がやれ「投票に行かない」からだの、年寄りでもちゃんと判断しているし、若くても投票行く人は行くし、結局その個々人の知性を相対化することで軽視してバカにしてるだけだと思うのです。そんな個々人の知性を軽視する人は、逆に個々人の知性に反逆されると思うのです。

「これはＣＭ上の演出です」とか「あくまで個人の感想です」という表記をＣＭの片隅にい

ちいち小さく載せるのは送り手側のクレームへのリスク回避なのでしょうけど、当たり前だけど見ている側は、そんな表記がなくてもCM上の演出や個人の感想と理解する知性を当然持っているのです。その知性を軽視している人はやがてその知性に反逆されると思うのです。これから「知性の反逆」の時代がくると思います。こんな説明すれば言いくるめられる的テクニックやマーケティングで人の行動が左右される時代は終わり、個々人の知性にちゃんと届く本質的な言動や作品こそが、人の行動を決める時代が必ずきます。それが教養の時代です。

知性の反逆"rebellion of intelligence"とは、知性を軽視している人への反逆。

大衆の知性をバカにしている施政者への反逆。

テレビでバラエティ番組を実際にどういう内容で制作するか？というのを例にとって考えてみたいと思います。

テレビ番組をどんな内容にするか？それは演出という行為になります。それを行うのがディレクターで、その統括をするのが総合演出（チーフディレクター）です。つまり、視聴率と継続を念頭におきつつ、どうそれを具現化するか？ということが日々の番組制作のルーチンになるわけです。通常、毎週放送のバラエティ番組は、毎週スタジオで収録しているわけではなく、隔週2本撮りだったりします。それは主に制作費の削減が理由ですが、スケジュールを確保するのが困難な人気タレントを押さえるために、隔週で収録しているのです。

そして、まさにバラエティ番組の成功には、この人気タレントが出演できるのか？ということが重要な要因になっています。本当は無名の人が出ていても、企画がおもしろかったりして、それが徐々に人気になって、視聴率があがって、そしてその出演者も人気タレントになっていく、というのが本来のバラエティ番組の道筋なのかもしれませんが、そして実際黎明期のテレビでそういう風にテレビタレントが育っていったのだと思いますが、やはり人気タレントの知名度が、企画のおもしろさ以上に求められるのが現状です。

つまり言い換えると、昔はテレビに出ることで、その人が人気を獲得するということが多かったのですが、今は、YouTubeなりで人気になったひとが、テレビに後追いで出演することが多くなったとも言えるわけです。つまり人気をタネから育てるメディアから、人気の苗をどこからか移植させて、その果実を獲るメディアに変化したのが、テレビというエンタメの変化とも言えるわけです。

再メディア化という日本のリアクション文化

では、人気タレントがツモれたらそれで番組は成功なのでしょうか？

決してそういうわけではありません。人気のタレントが司会＝ＭＣになることで話題性は事欠きませんが、それでもその番組自体の内容＝おもしろさが伴わないと、結局、番組は続きません。そこで、制作者たちは、どんな風におもしろい企画を考える、いや、サスティナブルに企画を考え続けるのでしょうか？

まず一番のポイントは、そのＭＣが輝くような企画を考えます。

つまり、その企画を取り仕切るタレントが、その企画に興味がなければ、そのタレントさんは有名なだけに決して手を抜くなどということがあるわけではないのですが、やはり入れ込み方が違いますし、その気迫の違いは画面を通して、電波に乗って視聴者に届きます。なので私たち制作者は、これから２週間に１回、それも長期間顔を合わせたいような、ＭＣのタレントの顔が輝くような、モチベーションが上がるような企画を考えるわけです。

ちなみに番組を始めるにあたって、当然企画が先行で、その企画が編成で通ったのち、そのあと出演者やＭＣを決めることもあります。でもその場合も考え方は一緒で、その企画をおもしろがってくれるか？　やる気が出てくるような企画なのか？　を検討してキャスティングをすることになるのです。

そして２つ目に大事なことは、その企画が実現可能なのか？　そして持続可能なのか？　ということです。実現可能かどうかというのは、企画会議をしていると、得てしてありがちなのですが、いわゆる〝夢のような企画〟です。

そりゃ実現したらおもしろいけど、それには莫大な予算がかかるとか、途方もない時間がかかるとか、超スーパースターに出演してもらうとか、企画のおもしろさを追求すればするほど、それは実は実現不可能なものに仕上がっていくことになるのです。

そしてそれらの条件をクリアしても、それだけでは実現しない企画もあります。それはコンプライアンス的にどうか？ ということです。法律違反は言うに及ばず、それが社会通念上ゆるされるものなのかどうか？ そしてこれは時代時代によって変化する基準ですし、それこそ昨今はさまざまな権利問題、差別問題、ハラスメントが問題視されていて、その基準の変動は大きいです。

数年前まで許されていた言動が、もはや許されないということもざらにあります。まさにその点で、その企画が実現できない、昔はやれたのに今ではやれない、そういう問題が発生してくることになるのです。

そして、もう一方の持続可能性。その企画が好評ならば、また第2回、第3回と続きます。しかしその繰り返しの中で、いわゆるネタ切れが起きないか？ ということが、制作者にとってまさに腕の見せ所なのです。

なので、ある企画フォーマットに準じて、その企画の中で、毎回取り上げる、情報＝ヒト・モノ・コトが入れ替わっていく、というフォーマットが構築できると、その企画は長続きするわけなのです。

アイデアというのは、新規性が常にもとめられますから、新規なものは再び繰り返すことによって既視感でインパクトが減っていくわけです。まさに特番という1回きりならばドキドキしておもしろかった企画が、さてレギュラーになって数回放送されると金属疲労を起こしてマンネリズムに陥るということはよくあります。

なので、まさに毎週放送、隔週収録というルーチンの中で、どう倦怠感から脱却するか？

新陳代謝をくりかえすか？　さらにそれを超えてマンネリの中でのおもしろさを追求できるか？（例えば『笑点』や『のど自慢』など）という制作者のアイデアの持続化作業が要求されるのです。

そして、そういう企画をバラエティ番組の中で、どういう風に視聴者に体験させるか？という目線がさらに乗るようになります。バラエティ番組は成立当初は視聴者にただその企画をストレートに見せるというのが、そもそもの始まりでした。

しかし特にそれは日本のバラエティ番組で独自の進化をとげたのですが、その企画自体を事前に撮影した映像として編集して、それをＭＣやそのスタジオにいる出演者に見せて、その見た時の笑いや泣きのリアクションを再編集して画面上に入れ込んで、それがリアクションワイプという画面の四隅のどこかに配置される小窓として、視聴者に見せるという、再メディア化の構造を持つ多重構造に変化していったのです。

そのリアクションワイプは、なぜバラエティ番組で多用されるようになったのか？　主に１９８０年代後半の、『とんねるずのみなさんのおかげです』や『ねるとん紅鯨団』で行われるようになり、それがさまざまなバラエティ番組の演出方法として一般化していくのですが、それが冒頭で述べたところの日本のバラエティ番組の今や共通した特殊性となったのです！

それは、まさにウォッチング文化の誕生とも言えます。ある現象をそのまま見るのではなく、その現象を見ている人のリアクションを楽しむ、という複合構造。これは日本文化の深層の真相をあらわしているとも言えます。

そしてそのリアクションワイプの中のリアクションは、その現象を見た時のリアクションのテンプレート化、チュートリアル、解説になっているとも言えます。本当はその現象を見て、当然視聴者はどう感じたっていいわけです。

笑ってもいいし、泣いてもいいし、怒ってもいいし、なんなら無感情だっていい、ところがテレビ画面で笑っているリアクションを見て、視聴者は釣られて笑い、その号泣するリアクションを見て、視聴者もそこにつられて感動し、という風に、まさに1つの現象を多層的にウォッチングするエンタメ構造になっているのです。

でもそれは、自分本来の感情より他者（この場合は番組の出演者）に合わせるという、個性の無化現象も起こすことになっているのではないでしょうか？ 人と一緒のリアクションでないと不安だ、そんな同調意識が蔓延する日本社会なのは、果たしてそんなバラエティ番組のせいなのでしょうか？ あるいは、そんな同調社会だからこそ、それを具現化するように、まさに合わせ鏡のように今のバラエティ番組は存在するのでしょうか？

そんな日本で独自の発展を遂げたバラエティ番組のリアクションを楽しむという再メディア化は、一体何を物語るのでしょうか？

メタバース vs テレビ？

メタバースという言葉も耳目に上がってだいぶ経ちました。皆さんはメタバースをどう考えているでしょうか？

２０２３年になって、「仮想空間（メタバース）上の土地に投資するファンドを設立する動きが出てきた」という日経新聞のニュースが出たり、「ＪＡＳＲＡＣがメタバース上の有料バーチャルライブにライセンス料が発生することを明言」という発表があったり、いろんな企業や団体がメタバース空間でのお金の儲け方を本格化してきたようです。

一方で、私が関与しているテレビや芸能界は、まだ様子見段階のようです。皆さんが思っている以上に保守的なのが実はテレビや芸能界なので、積極的に乗り出すというよりは、自分達の今までの既存のビジネスと競合だと感じて、むしろ消極的な雰囲気も感じられます。

そもそもメタバースとは、コンピュータの中に構築される3次元の仮想空間やそのサービスを指すことが多いです。

でもなんとなく「３Ｄゴーグルをつけて３６０度の映像を楽しむゲームのようなもの」くらいの認識ではないでしょうか？ さらにネガティブな人になると「３Ｄゴーグル着けると酔うんだよね」的な感想を持っているんじゃないでしょうか。私も多かれ少なかれそんな類の解釈をしているだけでした。

そんな中、この２０２３年の初めに、起業家で以前『お金２・０ 新しい経済のルールと生き方』（NewsPicks Book刊）が話題になった佐藤航陽氏の『世界２・０ メタバースの歩き方と創り方』（幻冬舎刊）を読みました。メタバースのことが書かれているこの本が出たのは２０２２年春ですが、なんとなくメタバースにネガティブな想いもあったので、読まずにいたのでした。そして読んでみて、バラエティプロデューサーの自分はメタバースへのイメージが大きく変化したのです。

以下私がこの本を読んで感じた、まずはメタバースへのざっくりとした所感です。

メタバースの特徴は、大きく分けて2つです。それはフロンティアとシミュレーション。

人類はずっと辺境＝フロンティアを求めて旅を続けてきました。まだ行ったことのない場所を求める、その根源的な好奇心によってアフリカ大陸から数十年前に人類のグレートジャーニーは始まり、５００年前にコロンブスは新大陸を発見したのかもしれません。

しかし、今地球上にさらなるフロンティアはもはや存在しないのです。これからのフロンティアは、宇宙空間＝ユニバースと、そして仮想空間＝メタバースなのです。

つまり人類の好奇心の行き先として、イーロン・マスクは宇宙空間を目指し、ザッカバーグは仮想空間を目指しているとも言えるのです。この辺境を探検するという好奇心の照射先としてのメタバース、そう言われると、「今まで誰かのつくった仮想空間で遊ばされるだけ」と感じていたメタバースへの幻滅感が、私の中では反転しました。

今まで自分がクリエイターの端くれとして番組をつくり、本を執筆していたのは、言うなれば現実空間の中で自分のやれるメディアのみで、自分の想像を照射して作品として創造していたのでした。なのでそれは映像だったり、文章だったりに特化していた、否、特化せざるを得なかったのでした。

しかしメタバースでは、まさに想像した世界丸ごとをその世界の創造主の如く創造できるのです。これは脳内という世界を現実化できるという意味で、まさに好奇心の赴くままに未知の辺境を旅することを意味しているのかもしれません。メタバースをそう理解した時に、私にはメタバースへのワクワク感が沸き起こってきたのでした。

そして、もうひとつの特徴であるシミュレーション。これは、昨今盛んに叫ばれているサスティナブルな世界という未来に貢献できます。

つまり、以前なら現実世界で実際に開発、生産、交流などをしていた人間の活動を、それ以前にシミュレーション＝練習して結果を事前予想することができ、強いられてきた無駄な開発、生産、交流などを抑えて、資源・環境の乱開発を防ぐことができるということです。

例えば、ある地域に巨大な高層ビルを建造する前に、いろんな要因（例えば日照問題、交通渋滞、人間活動量など）をリアルにシミュレーションすることで、今まで想定されなかったさまざまな影響を顕在化させることができます。さらに、フロンティアとシミュレーション、このメタバースの2つの特徴は、宇宙開発と親和性の高いのも興味深いです。

つまり、宇宙空間＝ユニバースほど実際に行く前にシミュレーション＝練習が必須な場所はなく、宇宙空間というフロンティアを目指すためには、ユニバースのメタバースをつくって、そこでさまざまなシミュレーションを行うことが求められるからなのです。

こうして、あまりデジタルに詳しくない文系の人間で、さらにデジタルネイティブではない中年世代の自分が、ようやくメタバースの可能性、そして好奇心が出てきたというわけです。そして、この好奇心を抱いたことで、ふとある想いがよぎったのでした。

それは、フロンティアとシミュレーション、この2つの特徴は、実はそもそもはテレビ、それも特にバラエティ番組が持っていた特徴ではなかったか？ということを。

テレビでバラエティ番組を長年つくってきて、私は常日頃新たな企画を考える時に、始終番組という枠組の中で、見たことのないことをやろう！社会実験をしよう！と考えてきたのでした。

「もし○○があったら」「もし▲▲ができたら」そんな想いは、日常の暮らしの中で多くの人が考えることです。それを現実にやることができなくても、というかむしろ現実ではできないからこそ、テレビの枠の中で、新しくあくまでバラエティ企画として始めてみる、それをタレントさんなど出演者がチャレンジしたりする、そしてその行為をおもしろく視聴者にお見せする、そんな風にチャレンジ企画やドッキリ企画としてバラエティ番組をつくってきたのでした。

つまり、現実空間を超えて、あらゆる想像のフロンティアを描き、それをシミュレーションして創造するという行為こそが、テレビというバラエティ空間（仮想空間）なのでした。と考えると、これからのメタバースと、今までのテレビは何が違うのでしょうか？

大きく違うのは、その世界を創る行為が、テレビではあくまで制作者＝メディアの中の人に閉じられているのに対し、メタバースでは、創造行為があまねく外の人々に開かれていることです。

つまり世界の創造主＝神の民主化です。これはブログで文章制作が、YouTubeで動画番組制作が、ＤＴＭで音楽制作が、クラウドファンディングで資金調達が、あまねく人々に開放されたことの延長線上にある時代の流れなのかもしれません。

新しいことには、不安要素も多いことは確かです。

それが順調に進むとは限りません。しかしメタバースのメタ（ｍｅｔａ）とはそもそも「超える」という意味です。誰もが、シミュレーション世界を創れる、想像というフロンティアを創造できるのです。

つまり「メタバースvsテレビ」といった構造がもはやナンセンスな捉え方なんだと思うのです。このメタバースという新たな想造（想像＋創造）行為は、「テレビだ、芸能界だ」といった既存のさまざまな境界線を一気に飛び超えることのできる、メディアの開放と拡張というワクワクする可能性の始まりなのかもしれません。

4-5

Cultivating
The World

人生とは新しいエンターテインメントを探す旅

エンタメの三体問題

個々を個々が楽しむ

自分は、保守か革新かと問われれば、革新の方がタイプだと思うのです。

でもそんな自分でも、歳を重ねていくと保守化していっていることを実感しています。

革新は理想主義で、保守とは人情主義だとなんとなく感じていて、

理想に厳しく殉じられるか？

それは、他者への寛容さがないことを意味していると思うのです。この世界が間違っていると思っていたとしても、日々の暮らしがあります。そしてそのおマンマの食いダネは、多かれ少なかれ、現在の与党からやってくるのです。すると高邁な理想ではおマンマの食い上げになることを意味するからです。

つまり、この世界の環境のサスティナブルを考えると、現在の生活を変えていく方がいい

とはわかっていても、自分の人生のサステイナブルを考えると、現状を続けることを選びがちなんだと思うのです、特に長年、その生き方をそれこそサステイナブルに実践して年齢を重ねてきた人たちには。

ノスタルジーや過去や記憶の美化ではなく、サブスクですぐ聴きたい曲が聴けることより、発売日前日とかにレコードショップに行って早買いしたり、学校帰りに寄って新譜をまめにチェックしたり、レンタルを借りてきてテープやMDにダビングしていた経験の方が、絶対絶対芳醇な音楽経験だったと思ってしまいます。

例えば、その街の文化の独自性って本屋やレコード屋が、独自の衣料品店や雑貨屋が、そして独自の飲食店とで形作っていました。それがチェーン店の拡散でお店の独自性が薄まり、街が画一化し、ネットの台頭で次々閉店し、さらにコロナ禍で飲食店も減っています。街の文化体験の希薄化が進んでいます。

そんな変化の中で、私たちはどうやって街を愛すればいいのでしょうか？

例えば、いろんな業種での企業の合従連衡の話というのは、自社の事業規模の拡大化と効率の話ばっかりです。でも私は山手線ゲームができないような業種は結果その業界自体が衰退していくと思うのです。なぜなら、いろいろ選べないと、つまらないし、飽きるし、退屈だから。

自分の会社だけを考えて業界を潰す。木を見て森を見ず。多様性がないモノは滅びる。

個々を個々が楽しむ、ってことをそろそろ本気で考えないと、仕事の効率化と画一化と拡大化で、結果、どんどん生活が衰退に向かっていく気がするのです。

エンタメの三体問題

一方で、クリエイティブとはその保守的なところから脱することとも言えます。

映像クリエーター集団チームラボの代表・猪子寿之さんがネットの連載で述べています。

「世界は、グローバル・ハイクオリティでノーコミュニティ層と、ローカル・ロークオリティでコミュニティ層に分断される」（猪子寿之「TROTTING AROUND ASIA」GQ Japan 2014／8／6）

元テレビマンで現バラエティプロデューサーの自分は、この猪子さんの言及することへの実感を今ものすごく感じています。

多くの日本のメディアやクリエイターと呼ばれる人たちが制作・発信してきた映画・テレビ・書籍・演劇・音楽・アートなどのさまざまなコンテンツは、そのどちらでもないモノ、つまりドメスティックという意味でグローバルにはなれず、一方でそのドメスティックな場は1億3千万人という決して少なくないコミュニティを有し成立してきました。

つまりドメスティック・ミドルクオリティな作品が、日本・日本人という大括りなコミュニティ意識を共有した人々を対象に生み出し続けられてきたのです。

そしてその昨日まで機能していたその規模でのコンテンツが、明らかな日本経済の減速、それによる制作費の削減、コンプライアンス強化による表現の萎縮化、特に２０１１年の震災以降の自粛的な傾向、さらにネットの進化によりテレビ・マスコミの影響力の低減などにより、機能不全を起こしつつあるのが、今の状況です。

その上で問題は多岐にわたります。今まで日本の基幹エンタメ産業だった「ドメスティック・ミドルクオリティ」が二分化して解体されつつある中で、まず我々個人が直面するのが「ローカル・ロークオリティでコミュニティ層」が参加するエンタメです。

これからの時代の文化の一翼を担う使命と必要性＝リテラシーが、前述したミドルカルチャーが衰退する中で、より一層個々のコミュニティ層で求められるのは間違いありません。それはつまり、より個々人と結びつき、そしてあまり大きくないコミュニティ、グループ、団体、会社、学校、地方公共団体などでの盛り上がりが求められることです。

その上で私が感じたリテラシーの問題点は、次の３つあります。

i：エンタメプロジェクトをちょっとやることとサスティナブルにやることのリテラシーに内包する〝めんどうくささの存在〟

ii：エンタメプロジェクト主体者（アーティスト・スタッフ・ローカル関係者）とエンタ

メプロジェクト客体者（観客）のそれに対する〝関わり方・やる気のリテラシーの温度差〟

iii：そのエンタメプロジェクトはビジネスなのか？　それともカルチャーなのか？　というマネタイズ（収益化）のリテラシー問題

この3つの問題〝三体問題〟は、それぞれ連関しています。

iに関して言えば、そもそもエンタメを行う上での重要な文化要素であるアートという行為自体はサスティナブルなのだろうか？　という根本命題を持っています。

1回限りのハプニング性、あっと言わせるという驚きがアートの根元にあり、それが一回限りの行為であるからこそ価値があり、それを各ローカル共同体の機能として持続させるということは、そのアートの根源性を失ってしまうという側面は否定できません。

そしてそれでもサスティナブルにするためにはいわゆる〝複製芸術〟的側面を際立たせ、反復可能性を追求することになるからなのです。

そして、その反復可能性の追求は、iiの問題に絡んできます。

そのエンタメプロジェクトを続ける意思＝やる気をそれぞれ関係者が持続できるかどうか？　に関わってくるのです。それは一人ひとりの個人の意思でもあり、一方で次の世代に引き継ぐというプロジェクトの意思の継承という側面も同時に持っています。

それには関係者の関わっているレベルでのリテラシーの温度差と、そもそもの個人としてのやる気・特質・能力など、さらにローカルな特殊事情が深く結びついてきて、「ローカル・ロークオリティなコミュニティ層」特有の、一般化できないリテラシーの困難さを個々に抱えることになるのです。

そしてそれはiiiの問題と結果的に結びつきます。要するに資金です。

お金が持続すれば、iiの関係者のやる気も一定以上は継続することはまぎれもない事実であり、そのお金のためには、というかお金を獲得すること自体がリテラシーの根幹になってしまい、結果iの複製芸術的要素・反復可能性の追求になるからなのです。

こうして話は一巡します。

つまりエンタメプロジェクトを継続するためには、継続するやる気と意思＝リテラシー、そしてそれを下支えする資金が必要であり、その資金を産むためにはプロジェクトの継続が重要な要素です。

その際、そのリテラシーはビジネス的側面を重視され過ぎることで、カルチャー的側面は軽視されないか？

いわんやその継続的行為に固執するあまり、関係者のリテラシーが疎外されないか？はたまたそもそもはや文化行為と呼べないキメラ的な産物を生み出していないか？

そんな〝三体問題〟を抱えてしまうのです。

そのひとつの解決策として、その三体の軌道自体を観測してアーカイブして保存する手段があります。

つまり〝問題まで含めてサスティナブル〟、その問題提起と問題解決までも可視化していくドキュメンタルバラエティをプロジェクト自体に内包するメタ視点構造のエンタメプロジェクトに仕立てあげることもYouTubeなどのネットメディアの技術環境の変化でより活性化し、今後はエンタメプロジェクトの必須事項になるのかもしれないのです。

物理学でいうところのいわゆる〝三体問題〟は解がありません。

一方でそれぞれの軌道の近似値は得られます。

この〝エンタメプロジェクトの三体問題〟も、根本的解決は不可能であり、私たちはまさにそれぞれの軌道を探りつつ近似値を導き出すしかないのかもしれません。

態度と意思の表明にこそ未来はやってくる

エンタメを日々の仕事としているプロデューサーの自分としては、その楽しさを感じていない時に、どうエンタメと向き合うか？という至上命題をいつも突きつけられています。

ある日のこと……

今日は朝から悲しい知らせを聴き、とてもやるせない気持ちになる。

というか、ここ数日、というか数週間、というか数ヶ月、なんとなく歯車が噛み合ってない感じがしているのです。それは自分が、というより世界の歯車が。

それはコロナだったりということかもしれないし、地震も多いなあと感じていることかもしれないし、なんていうか気持ちが沈むような事件や事故だったり、そんなものはいつも恒常的に起こってるのかもしれないけれど、逆に自分がそんな気分だから目につくだけなのかもしれないけど、でもなんか不協和音というか、違和感を感じてしかたがないのです。

で、それは、そんな世界と接続している自分にも跳ね返っていて、なんていうか仕事をしていても、テレビを見ていても、本を読んでいても、ネットをしていても、ご飯を食べていても、身体を動かしていても、誰かと会話をしていても、なんなら夜寝ていても、なんていうか歯車が噛み合ってない感じがしてしまうのです。

それを、自分的に自分のことを分析すると、〝老い〟なのかとも思うのです。この世界に半世紀以上存在して慣れすぎて、いろんな仕事をやりすぎて、たくさんの人と出会って、なんていうか、それはもう既視感な気もするし、全てが馴れ合いになっているような、でも一方で身体のあちこちが痛いなあとか思うと、そんな馴れ合いの世界で自分の劣化を感じてもいたりして。その世界と自分の感覚の乖離が不協和音となっているのかもしれません。

そんなこんなで、今日の夜は知り合いと会食をする。すると突然、何気ない会話から、自分の不協和音を払拭するような、歯車をカチッと噛ませるような、ある感覚が突然やってきたのでした。

つまり、それは、大仰に言えば、この不確かな世界に合わせて、自分が新しく生まれ変われということなのかしれないと。そして、それを実務的に言えば、この不安気な社会に合わせて、自分が新しい肩書きを持つことなのかもしれないと。

今まで生きてきた中で培ってきた世界との関係性と、自分の能力、経験、趣向、そこから敷衍する形で自分の肩書きは、今バラエティプロデューサーとなっている。そして、今それに違和感を感じているからこそ、その肩書きで生きていくことへの限界と乖離を感じてたんだって、気づかされたのでした。

そして、そう気づいた時に、自分がこれから生きる際に、もうひとつ全然別の肩書きを持ってみようと、思えたのでした。その肩書きは、この不確かな世界で、自分がこれから生きていくための羅針盤になるような。その肩書きは、この老いていく身体で、でもそれでも生きていくための預言になるような。

そんな突然の想いを、今とりあえず認めておこうと思う。自分が新しく生まれ変わる〝きっかけ〟かもしれないから。ざっくり言えば、趣味を仕事にしてしまった人と趣味と仕事を分別している人がいます。両者に一長一短がありますが、前者の私は、今遊んでるのか働いてるのかの境界が甚だ曖昧です。いろんな人と会い、あらゆる作品に触れ、どんな場所にも行きます。息苦しい所からは脱走します。

そして創るべきものを生み出していく。そんな選択をしてしまった自分に、悔いはありません。

一方で、それらの行為に疲れた際は、心の逃げ道がほとんどありません。創り出したものが金銭を生み出さなければ生きてもいけません。境界の曖昧さはむしろ存在の不確かさで不確定要素も多いです。そして、自分のセンスとアイデアと固有性に全ての責任がやってきます。それはつまり、愛と縁と恩が、仕事に直結していることを意味します。

そんな態度と意思の表明にこそ、未来はやってくるのです。

そしてエンターテインメントとは、それは結局自分がどう生を享受するか？という態度と意志の顕現なのかもしれません。

第5章

教養としての文化

本来、教養とは人類の古今東西のさまざまな文化をどう捉えるか？ということです。

では、文化とは何でしょうか？

それこそ、さまざまな文化の定義が、時代により、人により、考え方により言うことができますが、思想、宗教、生活、芸術、経済、科学、あらゆることのミックスされた複合された人々の日々の営みといえるでしょう。そして、それをあなたがどう捉えるか？が、まさに教養としての教養です。でもごちゃごちゃ混ざっている分、捉え難いことも否めません。そんな時、どうすればいいのでしょうか？

私は、現在、東京大学大学院博士課程で文化資源学を研究しています。

それは、文化を、人類の資源として複合的に研究する比較的新しい学問領域ですが、それを自分的に解釈すれば文化を複眼的・鳥瞰的に研究することだと思っています。

日々暮らしていく中で、仕事をしながら文化資源学の研究を始めたのですが、大学院に通ってみて2年目の2020年から新型コロナウィルスの蔓延が始まりました。

皆さんの日常も大きな変化と代償を払わされたと思うのですが、当然自分の働き方も、学び方も一変したのです。

今まで人と会うのが仕事だったバラエティプロデューサー業はリモートがメインになり、修士1年目はほぼ毎日大学に通学して講義を受けていたのが、毎日リモート講義を受けながら、日々篭りながら、そんな中で修士論文を書くことになりました。

でも、今だから言えることかもしれませんが、そんなコロナ禍での篭りながらの日常で、私は、むしろ文化というものを再び捉え直すことができたとも確信しているのです。

篭ることで、自分の脳内を駆け巡り、篭ることで、文化の中身を隅々まで探究できたのでした。そしてその研究の過程でわかったことがあります。

文化とは、つまり私たちを包んでいる総体なのです。

文化の中に、私たちは篭っているということなのです。

コロナ禍で物理的に外部と隔離されて篭ってみることで、自分が普段包まれている文化を、それこそ内側から見てみることができたとも言えます。

私が言う文化思考とは、このように裏返しでも文化を捉えてみようということです。冒頭で述べた、文化を複眼的・鳥瞰的に見るというのは、その対象を外部から見ることでしょう。そしてそこからさらに、その内部から、自分事として文化を見ることで、むしろ内側だから見ることができる、裏返しに文化を理解することができる可能性があるんだとわかったのです。その捉え方を、本書ではあえて「文化思考」と呼んでみます。

この第5章では、そんな自分のここ数年の経験から文化を捉え直しています。極めて個人的な経験と学びと、そこからの思考を文化思考と名づけるのも烏滸がましいですが、きっと読者の皆さんもこの数年の経験で、自分の人生の変化を感じているはずです。

この人類全体の災禍を、この際テコにして文化を内側から捉え直してみるのも教養なんだと思うのです。そしてそこから見えてくる何かが、きっと誰にでもあるはずなのです。それでは、文化に篭りながら、見えてくるものをそっと感じてみましょう！

5-1

Cultivating
The World

未来は過去より明るいのか？

思い出補正からの脱却

見方と見込と回顧

自分はいつも考えています。未来とは明るいのか？

子どもの頃は、どんどん人類は進化して、文明も発展して、平和になって、明るい未来待っていると思っていました。過去の経験も重なって、人類の歴史も重なって、そこには模範解答はあるし、反面教師もあるし、いろいろフィードバックして先人に学んでいけば、そういう意味で未来が悪くなるはずがないと思っていました。

でも、最近の状況だと、どんどん悪くなっていると感じてしまいます。

未来は明るいというより、過去の方が明るかったと感じてしまいます。

本当にそうでしょうか？ 未来より過去の方が明るい理由は3つあります。

A、本当に過去の方がよかった(のかもしれない)
B、自分が老化してきて、未来の方が劣化しているから
C、過去が思い出として美化されてしまうから

現在、未来の方が暗いのは、この3つのうち、どれなのか？　が自分ではわかりません。2つかもしれませんし、3つとも当てはまっているのかもしれません。

なので、本当に未来を明るいものにするためには、まずCを払拭して捉え直してみることから始めてみましょう。

それには、ノスタルジアからの脱却が必要です。厳密に言えば、懐かしむ気持ちは捨て去る必要はありません。そうではなくて、その懐かしさと、未来をつなげて考えないということです。

見方（perspective）　現在をどう眺めるか？
見込（prospective）　未来をどう眺めるか？
回顧（retrospective）　過去をどう眺めるか？

我々の思考&行動にとって、これから大切なことは、むしろ脱専門性（de-expert）な気がするのです。

領域内に閉じこもらないこと

自分の領域から脱すること
領域外から眺めること
そして自分のヒト・モノ・コトへ対する見方と見込と回顧を、それぞれ外側から、別視点で眺めてみるのです。

換気とは、身体の喚起であって、精神の歓喜である

コロナ禍で篭らなければいけなかった夏の満月の朝に、この文章を書いています。早朝なので、雨っぽいですが、空気の入れ替えのためにサッシを開けています。でも同時に冷房も付けていたりします。そうすることでクーラーの臭いをなくすのと、空気を入れ替えて部屋を換気しながら涼しくしたいって思いもあるからなんです。

でも、これって今までの省エネの感覚だとご法度ですよね。部屋を涼しくするためには、その部屋を密閉しなければ涼しくならないからです。でもこのコロナ禍で、そういう対応を取っている集客の施設も多くなってきました。つまり3密を避けるために、部屋の窓を解放して、空気の流れをよくしつつ、それじゃ暑いので空調も作動している感じ。むしろその空調からの風が、部屋の対流を生じさせて、外との空気の入れ替えもより進むようです。

熱効率的にはよくないかもしれないのですが、その空気が循環している感じが、今までの密閉されていた部屋で涼しくなるけどもどことなく空気が淀んでいる感じより、空気が気持

ちいい感じがするのですよね。この文章、「〜感じ」という語尾をたくさん使っていて悪文・駄文ですみません（笑）。でもこの「〜感じ」って感じが結構大事なんだと思うわけです。


　それって効率悪いじゃん！

　それって冷房の意味ないじゃん！

　それって地球にやさしいの？

　それって本当にコロナ対策なの？

ちゃんと考えればいろんな疑問も出てくる行為です。つまり〝感じるだけの行為〟なだけかもしれません。でも私は、少なくとも私は、その〝感じるだけの行為〟をすることで、この満月の朝に気持ちいい感じでこの文章を書き始めていることだけは事実なのです。ならば、それでいいんじゃないかとも思うわけです。


　だってこれで気持ちいい感じで、原稿を書き上げるのがどんどん進んでしまえば、密閉された空間でうーんうーんと唸って書いているより、まさに自分の感じもいいですし、結果早く終わるので、この場所の空調を動かす時間は確実に短縮されます。

　つまり冷房効率を気にして密閉されて作業することより、冷房効率を気にしないで解放されて作業する方が、結果は（あくまで私の場合ですが）、むしろエネルギー効率も良いわけです。つまり環境にもやさしいと（あくまで私の場合ですが）いうことにもなるわけなのです。換気とは、身体の喚起であって、精神の歓喜なんじゃないか？　などと妄想しながら、この章を書き進めたいと思います。

鳥のさえずりとリコーダーの音

窓を開けながら作業をしていると、都会のど真ん中なのですが、鳥のさえずりが聞こえてきます。これ、昔から聞こえていたのだろうか？ なんて考えてみたりもします。最初は、コロナ禍で経済活動が停滞して、自然環境が（若干でも）改善されたのかって思ったりもしました。

でも流石に冷静に考えると、そんなことはないとは思うのですが、でも実際にこの数ヶ月間、篭りながらも周辺を散歩とかをしていても午前中の空の青さだったり、夕景の茜色だったり、すごく空気が澄んでいる気がしてならないのです。でも多分これも、私が今までは窓を開けてなかったから、鳥のさえずりが聞こえてなかっただけなんだと思うわけです。そして散歩も以前ならそんなにしてなかったし、しても散歩ではなく、ただの移動で歩いていたので、空の青さや夕景の茜色に気づかなかっただけなんだとも思うわけです。つまり、もともとこの都会でも鳥はさえずっていたし、空も青かったし、夕景は茜色だったのかもしれません。それに私が気づかなかっただけ、私が閉じていて、外界の自然物とアクセスしてなかっただけなのかもしれないのです。

これ、不思議な感覚ですよね。コロナ禍で閉じこもることでむしろ自分が開いていく、いや正確に言えば、コロナ禍で閉じこもったから自分を開いていくことができる、ってことです。これは、私にとっては、コロナがもたらした恩恵なんじゃないかと思ったりもします。

たくさんの方が亡くなって、たくさんの方が苦しんで、たくさんの経済的・文化的損失を被っているのに、恩恵なんてよく言えたものだ、そう怒られたのなら、ただ謝るばかりです。すみません。申し訳ありません。

でもそれでも、このコロナ禍という自然物がもたらしたものは、害悪だけじゃないとも思ってしまうわけです。その恩恵とは、「その事実に気づくきっかけをくれたこと」なんだと（私は）思います。もう元の世界には戻れない、ではなくて、次の世界にシフトしろ！という自然界から人類に突きつけられた命題＝恩恵なんだと思うわけです。

窓を開けると、網戸をちゃんと閉めていても虫がときどき入って来ますよね。なぜか蜘蛛も入って来たりします。でもこれだって自然物なのです。気持ちいい自然物はよくて、気持ち悪い自然物は排除する、そんな気持ちは理解できますが、そんな侵入してくる自然物の選択は、実は私たち人間には根本では不可能なんだって思うわけです。

なぜならそれを気持ちいいと思うか、気持ち悪いと思うかは、人間の自分勝手な思いなだけなのですから。虫にしてみれば、もともと自分が存在した空間に、たまたま人間がいただけにすぎないわけですから。そこをどちらの空間だと思うかは、どっちもどっちだと思うわけです。

そして窓を開けながら作業をしていると、外からリコーダーを吹く音も聴こえてきます。この建物か、隣の住居のどこかで多分小学生のお子さんがリコーダーを吹いているのでしょう。けっして上手くありませんが（笑）、一生懸命練習している感じが伝わってきます。まあ、そんなに上手くないわけですから、それが騒音かと言われると騒音かもしれないです。

でもなかなか学校にも行けずに、それでも自宅でリコーダーの練習をしている小学生、私はいつしか窓を開けるとそのリコーダーの音が聞こえてくるのが楽しみになっておりました。「今日も吹いてる吹いてる」とか「お、上手くなったかな？」とか。そんなことを楽しんでいる私がいるわけです。

そしたら先日この建物の入り口に管理室からの掲示が貼られていました。

「最近楽器の演奏をしている住居があると、ある住居の方からクレームが来ました。当マンションは楽器演奏禁止なので、止めてください」

といったことが書かれていました。きっとこのリコーダーの音が不快で管理室に苦情を言った方がいるのでしょう。でも、そんなこと、少しくらい大目にみればいいのにな、って私は感じました。だってコロナ禍で学校行けないんだよ、公園でだって球技はしちゃいけないんだよ、じゃあどうやって子どもたちは、子どもたちの日常を体験したらいいのだよ、静かにスマホでゲームをただしてろって言うのかよ、少しくらい大目に見ろよ、大人たちよ……なんてことを思ったのでした。

でも、こんな風に思った自分の中で、そんな風に思っている私自身が意外でした。だってもし20年前くらいの平成まっさかりの若い私だったら、徹夜でテレビの仕事をしてきて、やっと部屋にもどって「さあ寝よう」って思った時にピーピーとリコーダーの音が聴こえてきたら、それこそクレームをつけていたのは私だったかもしれないわけです。

ていうか、多分間違いなくクレームつけていたと思います。そんな私が、令和のコロナ禍の閉じこもった中では、そんな下手なリコーダーの音を、むしろ楽しんでいる、むしろ欲している、いやむしろ守ろうと思っている。この自分の変化にとても驚いているのです。

この変化はなんで起こるのでしょう。まあ自分が歳をとっただけかもしれません。

あるいはやはりコロナ禍の恩恵なのかとも思うわけです。他者の行為を押さえつけることが、はたしてその社会にとっていいことなのか？　社会の調和のためにどんどんやれることが減っていく、どんどん窮屈になっていく、それって社会が閉じていくことなのではないか？　開かれた社会とは何か？　それは窓を開いていたら、騒音が入ってくるかもしれません、虫が入ってくるかもしれません。

でもそれと一緒に鳥のさえずりもリコーダーの音も入ってくるわけなのです。これは入ってきてもよくて、それは入っちゃダメなんて、それは自分勝手もいいとこです。そうするには、自分自身が閉じて密閉されて閉じこもるしかないわけです。なんならそんなに嫌なら、この建物から、嫌な貴方が出て行けばいいじゃないですか、なんなら東京を離れればいいじゃないですか。その場所にいるのだったなら、その場所の環境と、いいも悪いも含めて同居するしかないんじゃないか？　と思うわけです。

まあ、当然、〝程度〟って話でもあると思います。でもその程度は子どものリコーダーなのです。それも何時間も吹いてるわけではないのです。

大音量でもないのです。だったら許容しよう、それを受け入れよう、と思うことが、開かれた社会なんじゃないかと、自分を開くことなんじゃないかと思ったりもするわけなのです。で、そんな開かれることの意味を閉じこもりながら考えている自分がいます。鳥のさえずりとリコーダーの音を聴きながら、窓を開きながら閉じた世界でこの文章を書いている自分がいます。

人類社会に侵入してくる新型コロナというウィルスは、開かれている窓から侵入してくるうるさい騒音なのでしょうか？　心地よい鳥のさえずりなのでしょうか？　同居しなければならない虫なのでしょうか？

それは実は、リコーダーの音なんじゃないか？　ってふと思ったりもします。次世代の者が吹く音が、リコーダーの音です。それは決して上手くはありません。でも、それを吹いている者が、次の時代を担う者なのです。

それをうるさいと思うか？

嫌だと思って窓を閉めるか？

それとも窓を開け放し、そのリコーダーの音を許容し、なんなら微笑ましく思うか？

そんな選択をするのは、私たち自分自身なのです。

5-2

Cultivating
The World

インプットとアウトプット

アイデアの源泉掛け流し

ライブをアーカイブする

私、角田陽一郎は現在16冊の本を出版していますが、その度に都度都度思うのは、どんなジャンルの文章でも、結果ある一定の量の文章を書くことは、思考を積み重ねること。そしてそれは、多かれ少なかれ自分が自分で経験したヒト・モノ・コトへのその瞬間の想いを積み重ねることなんだということです。

そして、さらに大事なことは、そんな自分の想いは、その瞬間瞬間でいつも変化していってしまうこと。つまり、その出来事が起こった時に感じた想いは、それが起こる前とは当然変わっているし、さらに数日経って、数年経って、数十年経つと、その記憶も変化するし、その変化してしまうという事実自体も、どんどん忘れてしまうということなんです。

つまり、その瞬間の想いは、その瞬間に記録をしないと、すぐに別の場所に流れていってしまうのです。

自分が自分の想いの記録をつけ始めた、要はブログを書き始めたのは、当初は匿名で非公開でしたが２００８年の37歳からでした。ということは、文章の拙さは置いといても、37歳からの私の想いの変遷は少なくとも記録に残っています。そして37歳以降に振り返って思った、例えば20代のテレビ局のＡＤ時代の辛い仕事の記憶は確かに記録はされています。でも実際の20代の時の、そのＡＤの時に辛い思いをした、まさにその瞬間の想いは、記録には残っていません。つまり今から振り返ったら、あの時はこう思っていたなあ、とかは当然記憶にあるのですが、それはその時思ったことと、なんか違うような気がするのです。

私はそれをいい悪いと言いたいわけではもちろんありません。ではなくて、冒頭で述べたように長い文章・書物を書いたりする時に、あの時の自分の若い時分の想いをそのまま書きたい！と思うことが実際に多いのです。今から振り返って見た、過去の記憶ではなく、あの当時の生の、生きた記憶の描写をしたいと思ったりするわけです。

ああ、どんどん忘れてしまった。もったいないなあ、という心境です。

あの時の想いの断片が、時間が経って風化してしまった記憶ではない、その時の新鮮な想いが描写できたら、私はもっともっとリアルな想いを文章に記すことができるのに！と、そんな歯がゆさを感じるわけです。

なので、この本の読者の皆さん、どんな形態でもいいです。その時の、今のそのままの想いを文章に記すことを、記録することをぜひともおすすめします。

「いや、自分は本なんか書かないから」

そう、思われる方もいるでしょう。でも、私も20代のＡＤの時はそう思ってました。そし50歳になった、今になって後悔しています。

なんども言いますが、あなたの今の想いを文章にすることを強く強くおすすめします。文章を書くことは、あなたの記憶を記録にとどめること。記憶とは流動体で、いつも変遷していく。忘れたり、思いが変わったり。その変化したこと自体を自分は忘れてしまう。ならば、そのライブの瞬間の変遷をアーカイブしてみませんか？

軽いつぶやきの言葉の重さ

自分が個人的な思いを軽い気持ちでつぶやいたとしても、ネットに乗ればそれはただ個人がつぶやいた個人的な範囲を超えて否が応でも世界中に広がります。そして誰かのことをつぶやいたのなら、その誰か当人にも巡り巡ってほぼ絶対伝わります。そんな現象を有史以来人類はここ数年で初めて経験しているのです。

新約聖書のヨハネ福音書「初めに言があった。言は神と共にあった。言は神であった。」言（ことば）とはギリシア語のロゴスであって、それは論理や真理や理性も意味する。

きっとネット上の個人の軽いつぶやきも、それくらい重い神＝ロゴスを持っているのです。世界はリアルとネットに分かれてるのではなくて、今やネットに絡められた世界の一部がリアル世界なのです。そんな新しい様相の世界で生きてくために、軽いつぶやきの言葉の重さを誰もが知る必要かあるのではないでしょうか。

時間と空間の拡張

コロナで篭ってから実は頭がおかしいことにチャレンジしています。古典ギリシア語とラテン語とイタリア語とスペイン語とドイツ語と古文くずし字とPythonとＸＭＬマークアップ言語とＣＡＤを同時に学んでいます。

モノになるかはともかく、かなりの新たな発見と身体脳の覚醒があることだけは確かです。では時間がないかというとコロナでリモートで仕事ができるようになった分、移動時間が丸ごとこれらに変わっているだけで仕事も減っていません。

むしろ思考が多面的になっているからより発想も柔軟で仕事でのアイデア湧出量は増しています。多重構造をいかに自分の脳内で整理するか？がその源泉だったりするのです。

と同時に東大の大学院で文化資源学研究者としてテレビとバラエティ番組について研究もしています。その構想自体にも幅と深さが出るし、結果それが生きる糧であるバラエティプロデューサーとしてのアイデアと企画と執筆と資金の源にもなります。

そして何より楽しい。究極の身体脳のエコシステムだと思います。篭りながら身体脳がどんどん拡張していく感覚。それは映画『マトリックス』のマトリックス内で、身体能力が思考と共に拡張していく感覚と似ているのではないでしょうか。

コロナ禍がなかったら、こんな時間の使い方など絶対していなかったと思います。コロナ禍以前のような、東京都内をちょこちょこ日々移動して、その空間の中で会える人とだけのやりとりでしかなかったと思うのです。身体脳へのインプットとアウトプットをより楽しむことで、実は時間と空間の拡張ができるのです。

問題は、やり始めないこと、書き始めないこと。なんについても言えるけど、私の人生の最大の永年のツケだと思います。やりたいこと、構想がたくさんあるのです。そろそろ本気で始めないとできないまま終わってしまう。人生なんてそれでいいような気もするけど、せっかくこの世界に生を受けたのだから、人生かけてやってみたいとは思います。

人生は結果（エフェクト）より過程（プロセス）。でもそれが、結局は結果を生むのです。

言葉に篭る意味

コロナ篭りのおかげで朝8時半からのラテン語とギリシア語のリモート授業を3ヵ月間受講して今日でとりあえず終了。習得できたかはめちゃくちゃ心許ないが少なくともその言語構造の骨格は理解できた。むしろ今までは西洋文明、近代文明の骨格をほとんど理解してなかったことに気づけたことが最大の収穫。

自分の脳内思考の深層に刺さる経験だった。

今までのネットやマスコミや口コミからの浅薄な情報をインプットして横に拡張されていく感覚というより、その一つひとつの情報の深遠に潜っていく感覚。

すると浅薄な情報の繋がりだけでは見えてこないものが見えてくる。

今まで何も見えてなかった気がする。例えば昨今使われる言葉、インフルエンサー、東大脳、バズる、リテラシー、ソーシャル、リーチ、コミュニケーション、クリエイター、ブランディング、マーケティング等々、それらの言葉って使われている以上の意味を持っていて、それらの意味が捨象され過ぎて使われて、より現象の浅薄さを助長している。

〝篭る〟ってことは、それらの言葉に篭っている深遠なところにたどり着く行為なのかもしれない。給水しつつマラソンする感覚を持つこと。

若い時分は「〝これ〟終わったら、〝あれ〟やるぞ！」とか思っていたんだけど、特に毎週テレビ制作していたからか〝これ〟が延々と終わらないのです。なので〝あれ〟をやるタイミングが永久に訪れないことが多かったのです。

そんな時、同僚と話していて「マラソンって終わったら給水するんじゃなくて、どう走りながら給水するかが肝心じゃないですか？ 仕事もそうなんじゃない！」って話になり、それ以降オンオフを切り替えるのじゃなく、どうオン中にオフるか？ を考えて仕事するようになりました。

5-3

Cultivating
The World

思考の嗜好と志向と試行

幻想矛盾

デザインされたくない

デザインというのは素晴らしく大切なものということは十分理解した上で、最近の私たちはデザインに縛られすぎている気がしてならない。

モノの、コトの、制度の、ネットの、暮らしの、時間の、あらゆることのデザインに。元々のデザインされてない何かがアウトプットされた時に、そのデザインで何かを失っているような。わかりやすくすることで、美しくすることで、効率よくすることで、そんな洗練された（しようとする）デザインで、デザインされる前のよくわからない、不細工な、不器用な、でも大切な本来の〝何か〟が消える、消される。デザインで削ぎ落とされたモノ、付け加えられて見えなくなってしまったモノ、とでもいうか。

いいデザインを見ていると、いいデザインに囲まれると、よくデザインされたシステムに組み込まれると、本来の自分が削ぎ落とされるような、変形させられるような、隠蔽されてしまうような。

デザインされて、失っていく自分。なので、なんとなく、デザインされたくないのです。

ヨーロッパ幻想

私は若い頃から南フランスに住むことが夢でした。でもそれが幻想だったんだってことに最近気づかされたのです。あのカラフルな街並み、きらびやかな陽光、地中海の海の青さ、そんなものに憧れていたのかもしれない。

一方で、大学時代の専攻は西洋史で、卒論は〝フランス革命とナポレオン〟だった私はフランス革命の歴史的なおもしろさと、人類のためにさまざまな思想やシステムを生み出してきたフランス文化に、さまざまな天才が生まれたアートの潮流に、憧憬と共感を抱いていたんだと思う。でもそれも所詮、幻想だったんだって、最近気づいたのです。

なぜ心境が変化したのか？　なぜこの私の長年の思いが所詮は幻想だったんだって気づいたのか？

まず、どこから話そう。そうだ、そもそも私はヨーロッパに住むことが、長年の夢だったのだ。それは、言い換えれば、異文化の中で暮らすということを意味します。でも、それは異文化の中に同化しないと生きていけないことを意味するし、その同化ということに違和感、つまり私がこの歳で、それを具現化するには、精神的に体力的に難しいと感じたからなんだと思うのです。

一方で、そのヨーロッパ移住を考えていたことの本心は、それと同時に、同化を半ば強制する日本文化に嫌気がさしていたからなんだとも、思います。

つまり、そんな村社会の日本に、会社に、息苦しさを感じ、そこからの逸脱、脱出をしたいと長年夢見ていたとも言えます。で、脱出先は、それこそ長年憧れていたヨーロッパ、そんなヨーロッパ暮らしに惹かれていたんだと思うのです。

でも、そう振り返ると、この私の幻想には多大な幻想矛盾をはらんでいることに気づかされます。

まず、１つ目の幻想矛盾は、日本社会との同化を嫌悪しているのに、その脱出先のヨーロッパ社会（フランスなのか、イタリアなのか、ポルトガルなのか、は置いといて）と同化しないと、結局は、その地で生きていけないんだっていうこと。当然、同質性を強く要求する日本よりは同化の強さは弱いかもしれないけれど、その社会に生きるということは、ただ旅行で数週間滞在するのとは、わけが違います。

結局、いずれに住んでも、その住む土地の社会に同化しないことには、部屋も借りられないし、銀行口座だって持てない、それはもう当たり前のことなのです。だから日本との同化を嫌がって、ヨーロッパとの同化を求めることには、本質的な矛盾があることなんだと自分でも思います。

そして2つ目の幻想矛盾は、言語の問題です。

その社会に同化することは、これまた旅先でなんとなく意思疎通ができるってレベルの、所謂カタコトの言語能力なんかじゃ、そもそも無理なのです。

つまり、そこにいくばくかの〝努力〟が必要なんでしょう。そして、２０２０年には興味本位で、イタリア語、ドイツ語、スペイン語、ラテン語、ギリシャ語の語学授業に東大大学院で参加し、全く使えないけれども、少なくとも各言語の構造は理解できました。そしてそれは私の中ではヨーロッパ移住のなんとなくの先鞭だって感覚もあったのでした。

でも、その想いは翌年に、英語の取得のためのアカデミックライティングの授業を習得してみて、その甘っちょろい考えに大きな打撃を受けたことで一変したのでした。

つまり、このアカデミックライティングの取得は、博士論文を英語で書いてみようって希望も当初は持っていたからであり、そしてそれは同時にヨーロッパ移住のための、まずは英語の使い手になるという野望の現れでもあったのです。でもこの授業を受けてみて、私は全くついて行けてないことに、その自分の語学能力のあまりの欠如に、それこそ今頃になって気づかされたのでした。それまでは、ちょっと外国に旅行に行っても、適度に英語でブロークンにやりとりしていても、なんとなく意思疎通ができていました。

つまり私は、今まで語学取得をちゃんとやってないだけで、いざ本気になれば語学なんて習得できるだろうという幻想を持っていたんだと思います。

でもそれは、やはり幻想でした。私にはその能力がないことを今回の英語の勉強ではっきりと認識させられたのです。

これはなぜかというと、その理由はわかります。つまり今私が使っている母語である日本語と日本社会とは、私は完璧に同化できてしまっているから、日本語をすごく曖昧に使っても、というかむしろいい加減に使うことで、論理性を誤魔化すことで、この日本社会と日本文化を、縦横無尽に応用して、暮らしやすく、生きやすく、日々やり過ごしているんだと思うのです。つまり、同化を嫌っているのにも関わらず、その同化の効用を思う存分利用して、この日本で生きて仕事しているわけなのです。

そして、例えば英語で論文を書くということは、論文なだけに、几帳面な厳密さや論理が要求されます。すると、今英語の勉強をしていても、そもそもその厳密さと論理性が、私には持ち合わせてないことがはっきりとバレてしまったのです。

つまり私が母語以外の言語で生きることは、その外国語能力を取得すること以上に、自分の思考の構造自体に、厳密さと論理性を、（今から）根幹に据えなければ成立しないんだってことを意味するのでした。それは、いい歳した私にとって甚だ激しい思考転換であり、仮にそれだけを目指せばやれるかもしれないですが、むしろ今からの人生を、それに費やすだけの、時間と、体力と、好奇心があるのかと言われれば、私にはもっとやりたいこと、やるべきことがあるんだって、気づかされてしまったのです。

この言語能力に関しては、私の思考の嗜好以上に、そもそもヨーロッパ諸語と日本語の厳密性と曖昧さに起因もしていますし、日本文化の非論理性にも顕現しているのかもしれません。そして私が厳密性と論理性をなんとなく忌避し、曖昧さと矛盾さを内包していることに、親近感と気持ちよさを感じるのは、つまり私の日本への嫌悪感自体が、そもそも幻想だったんだってことにも同時に気づかされるのです。

私のヨーロッパへの思いは、単に日常の〝うさ〟に嫌気がさし、日常の〝人間関係〟に面倒くささを感じ、日常の〝義務や責任〟に重圧を感じていただけの日本脱出と、それを代替するためだけのヨーロッパ幻想だったのかもしれない。

そして、それが幻想だってことの一番の発覚は、では実際に私がヨーロッパに移住したならば、今感じているだろう〝うさ〟への嫌気以上の困難が勃発するだろうし、〝人間関係〟の構築に言語取得の困難さと同等の難しさを経験するだろうし、外国人として生きていく上での〝義務や責任〟を差別というフィルターで多大に被るだろうということが容易く予見されるからなのです。

つまり、私はヨーロッパ幻想という、幻想を幻想だからこそ、今まで享受し、それを甘い将来の希望として、大江健三郎の『あいまいな日本の私』のような「あいまいな日本の角田陽一郎」として、なんとなく生きてこれたんだとも思うのです。幻想は、幻想だからこそ、スイートでセーフティなのです。

劣等感という優越感

そして、3つ目の幻想矛盾は、それは過去にヨーロッパ生活を体験した偉人、夏目漱石や森鴎外、遠藤周作に須賀敦子などの作品にも感じられるのですが、日本人としての、ヨーロッパへの劣等感と特別感のひねくれた羨望の顕現だとも感じられます。

差別主義者はもちろん許せないですが、自分の立ち位置や環境をむしろ特別な状態の特質だとか優越感だと錯覚してしまい、あるいはそれにすら気づかず無自覚で、自分が被差別なことを自慢げに吹聴してしまう人がいます。それらの行為は実は差別主義者となんら変わらない。でもそれに気づかないから闇が深いのかもしれません。

自分の中で感じる劣等性を、優越的な地域＝ヨーロッパで払拭する行為。それは、結果的に自分の劣等性をより顕著に認識させるだけなのです。

いや、ヨーロッパは世界で一番人間の普遍性を体現している国だ、フランス革命が世界に拡散した人権思想の先駆的地域だ。その文明の優越性に、自分を組みこむことで、自分もそのヨーロッパ文明と一体化できるといった希望と憧れ、そんなものは所詮、幻想なのです。だって、もしそれが私に可能なら、すでに日本でもできているはずだし、日本でこそ、それを体現すべきなのです。日本語の曖昧さを味方につけ、日本社会で構築した人間関係を縦横無尽に利用して。例えば、フランスでタクシーに乗って、観光名所を訪れて、カラフルな街並みと食文化を堪能しても、それは単に優越文化への〝寄生〟です。フランス文化におんぶに抱っこです。またはフランス人を利用して、自分の欺瞞と劣等感を誤魔化しているだけでしかありません。

私は、そんな寄生をするならば、むしろ金をその地に落としてやる。まさにそんな表面だけの旅でいい。というか、旅はしたい。ヨーロッパを旅しようと思う。なんなら、気に入った場所があったら、数ヶ月とか滞在するかもしれない。でも、それはあくまで〝旅人〟として、〝異邦人〟として。その地に未来永劫溶け込み混むことのない、異文化の観察者として、傍観者として。結局は、私にはそれしかできないし、旅人として、異邦人として、日本人として、ヨーロッパに接することが、私にとっての、私の人生にとっての、それでも少しだけでも意味のある行為なのかもしれません。

そして、私が、日本人として、曖昧で非論理的で、英語もおぼつかない、そんなたいしたことない異邦人として、ヨーロッパとどう向き合うか？が私の長年の甘っちょろいヨーロッパ幻想を乗り越えることができる唯一の手段なのかもしれないのです。

そのためには、今ここで、私は、この日本で、私の生きている証を、思いの丈を存分に作品に落とし込むしかないのです。

それを携えて、私は〝憧れ〟のヨーロッパを旅しようと思う。

5-4

Cultivating
The World

これから必要なのは宗教と呼ばない宗教的な何か

新しい拠り所

生きるために宗教学を学ぶ

皆さんは宗教を信じていますか？

私はそんなに信じているわけではないのですが、なんていうか宗教という存在がたまらなく好きなのです。

つまり、それは、その宗教に中にある聖と俗の、光と陰というか、表と裏というか、建前と本音というか、マジックとサイエンスにクラクラしてしまうのです。

人類が何千年も生き続けてきて、その存在意義（拠り所）として宗教は存在してきました。

そして近代に入って、その拠り所は科学技術と資本主義に取って代わられました。しかし、その科学技術と資本主義は、21世紀も20年を過ぎて、生存可能レベルを超える環境破壊・戦争殺戮・貧富格差の増大など、今やかなり揺らいでいます。そして、こんな混迷な時代には、今まさにそんな宗教という存在があらためて求められているわけです。

正確に言えば、宗教と言ってしまうと、変な固定観念や偏見を持たれてしまうので、宗教と呼ばないけれど、宗教的な何か？が必要なんだと思うのです。文化資源学で講義を受けた宗教学の西村明先生は、人類には宗教学が今こそ必須の学問であるとおっしゃっていました。宗教学とは、他者、そして他者が信じている聖性を知る学問だからです。

東大の講義で、その他に私は石井清純先生の『日本の禅思想』という仏教の講義、渡辺優先生の『神秘主義再考』というユダヤ教・キリスト教に関連する講義、板東洋介先生の集中講義『神道と儒教』などを受けました。どの講義も私の人生に多大な変化を起こさせてくれる宗教学でした。そして、結論から言えば、『仏教』『ユダヤ教』『キリスト教』『儒教』『神道』と一通り学んだことになるのです。それは私の中では、今までの〝宗教〟に感じていた、漠然としていた「畏怖」と「敬虔」な感情と、それとは真逆の「いかがわしさ」や「あやしさ」というごっちゃになっていた理解を、すーっと整理してくれた経験でした。

それはどんな経験だったのか？　それが少しでも伝わって欲しくて、『日本の禅思想』の期末課題レポートをあえてそのまま掲載したいと思います。


「日本の禅思想」

自分はテレビプロデューサーをしながら社会人入学でこの春に東大大学院文化資源学研究専攻に入学した。四半世紀ぶりの学生である。そして自分の専攻とは直接関係ない石井清純教授の講義「日本の禅思想」を履修したのである。

なぜ、履修したのか？ それは「禅思想」という講義のタイトルに、自分も５０年近く生きてきて、残りの人生の旅路を思い至っての〝感覚的な希求と、永平寺にも總持寺にも、それこそ京都や鎌倉の禅寺には訪問したことはあるものの、ほとんど禅思想を理解していないことに対する知性的な好奇心〟であった。

課題参考文献に対しては、それこそ金沢の鈴木大拙館には私的にも番組収録でも訪れたことがあるのに、ほとんど知らない鈴木大拙のことを知ってみたく『日本的霊性』を読んでみることにした。４ヶ月間に渡るこの講義を受けてみて、大学生として様々な講義を受講した中でも、まさに一番の実りある講義であった。

そこでその自分の感覚と知性に与えられた変化を、鈴木大拙『日本的霊性』を参照しつつ３点ほど列挙してみたい。それが一番の霊性的気づきの報告（レポート）であるように思えるのだから。

１、公案・禅問答の意味を知ったこと

おぼろげながら理解していたような禅問答の真の意味が、ようやく自分にもわかったように思えた。それまでは、その掲げられた問題に対して、どう答えるか？ という思考法的な解釈なのだと理解していた。ある意味ロジカルに考えていた。

そして禅問答とは（その自分の理解としては）、非ロジカル的な解答をすることがむしろまさしく禅問答なのであると、思い込んでいたのである。しかし違っていた。むしろその相手（弟子）がどう答えるのか？という、回答にこそ意味があるのだと理解できた。

　解答ではなくて回答。つまりインタラクティブ的なプロセスである。その者が修行する、その中で己の（鈴木大拙的な言葉使いを使用すれば）霊性を磨き、心の火を灯すための、自分の心の中のダイナモを回すための、回転推進力としての問答なのだと気づかされたのである。そしてそれは、次項の気づきにも繋がることになる。

2、坐禅をすることの意味をつかめたこと

曹洞宗は只管打坐、臨済宗は公案を軸にいろいろ修行する—はっきり言えば自分の中での禅宗への理解はその程度であったが—その意味がわかったように思えた。つまり、自分の中での霊性を掴むための、ダイナモ発電の力になるようなこと＝修行であれば、あえて乱暴に言ってしまえば、どんな修行でもいいのではないだろうか？そしてそれを弟子に受け継ぐために、ひとつの（ｏｒ複数の）修行方法があり、それが只管打坐であり、公案なんだと知ったのであった。

　私はそれまでは、解答を見つけるために坐禅をはじめて、その解答を見つけるために坐禅をし続けるものとばかり思っていた。同様に様々な戒律を守り、質実な生活をするのも、その行為自体をある種の解答を導くための手法なんだと理解していた。しかしそれは違っていた。むしろ坐禅こそが、戒律を守ることが、すでに回答であった。

そしてそれはさらに次項の気づきを与えてくれた。

3、禅宗と浄土宗の違いを悟ったこと

今までは、禅宗と浄土宗はまったく違うものだと認識していた。むしろ対極にあるものと考えていた。前者は自己鍛錬、後者は他力本願、そこに相入れるものを私には想像でき無かった。しかし『日本的霊性』を読み、その考え方が１８０度変わった。つまり坐禅をすることと弥陀を祈ることとは、本質的には一緒であった。その自分の中の霊性の発露の仕方、あるいはその霊性が醸造されるプロセスの日本における違いであって、そこに人間が人生をかけることの意味がわかったように思えた。

仏教が外から来て、日本に植えつけられて、何百年も千年以上も経って、日本的風土化して、もはや外国渡来のものでなくなったというのではない。始めに日本民族の中に日本的霊性が存在して居て、その霊性がたまたま仏教的なものに逢着して、自分のうちから、その本来具有底を顕現したということ・・・鈴木大拙のこの考えからは、禅宗と浄土宗の違いは、その顕現の仕方の違いであったと見て取れる。

以上の3点を自分が気づいたことから、さらにその上で自分が感じた禅宗（あるいは宗教）への素朴な発議を最後に述べたい。

つまり、禅とは、自分ひとりひとりの生き方（生き様）なのであることはわかった。そしてそれを実践することの壮絶さと崇高さが想像でき、あるいは自分も（この世に生を受けたからには）、心の中の仏性を磨いてみたいとも感じた（当然、磨きたいと主張しているようでは、本質的に駄目なことも理解した上で）。

その上で、令和の時代を生きる人間（社会的人間）として、自分だけが霊性を磨くだけでいいのだろうか？という微かな疑問も同時に湧き上がって来た。

当然、個人個人が実践することで、いつかは万人が霊性を磨けばよいのだとは思う。しかしそれはあくまで狭義的なｏｒ教義的な目標であって、実際のところ社会のあらゆる情勢や事態にとって、どう21世紀の人間は禅思想を実践し、そして社会がよりよくなるように、どう理想と現実の折り合いをつけ連関していけばいいのか？という、考えれば考えるほど茫然自失としてしまうような、大きな課題を感じたようにも思えた。

例えば、達磨の無所得の逸話がある。善行を行った梁の武帝に対して、達磨が発した言葉「無所得」の意味は、禅思想の考え方としては、講義を受講した自分にもいまや１００％理解できる。それを達磨が武帝に言い放った意味もわかる。しかしそれを理解した上で自分が感じた疑念は、実際のところ施政者が善行を施すことは必要であり、それが仮に功名心だとしても、その善行が行われるのはいいことなのではないか？というのが現代民主主義と資本主義社会における政府（政党政治）の公共政策や企業のメセナ活動の礎的な考え方になっていることと、どうつじつま合わせをするのだろうか？ということである。

前者で言えばそこをアピールしなければ選挙に勝って政治家にもなれないし、後者で言えば、その善行が気づいてもらえなければ、そもそもその企業は生産活動ができない。そんな中でどう、社会と個人が〝落とし所〟を模索するのか？ それを社会人でもある自分は、広く深く感じ行った次第である。

「精神または心を物（物質）に対峙させた考えの中には、精神を物質に入れ、物質を精神に入れることが出来ない。精神と物質との奥に、今一つ何かを見なければならぬのである。」

この鈴木大拙の言葉は、上記の私の疑念に通じるような、まさに現代の我々にとっての全思想への警鐘であり、禅思想の継承でもある。

その警鐘と継承を自分が個人として、禅思想に傾倒し実践するとして、それがあくまで個人の生き様としての実践でいいのか？

個人的個人の私としては、それを進めたいと〝感覚的〟には思いつつも、社会的個人としての自分としては、その禅思想を理解した上で、どう社会の企業、業界、学校、国家、世界と折り合いをつければいいのか？ ということを〝知性的に〟思い悩んでしまう。

そして一方でこうも考える。

それを考え続けることが、今の日本人の霊性を惹起するための、
新しい令和時代の公案なのではないか？
この21世紀の只管打坐なのではないか？
そんな稚拙な、しかし真摯な思いを込めて、この短い論考を終えたい。

5-5

Cultivating
The World

科学技術と民主主義の次にくるもの

輪廻と循環という考え方

生と死について考える

8月は生と死について毎年考えます。
お盆でもあり原爆の日であり終戦の日であり自分の誕生月でもあるから。
人はどこから来てどこへ行くのか？
灯りがオンになってオフになる間の、ちょっとした灯っている時間が生きてる期間。
その灯火で自分は何を照らすのか？
何が観られるのか？
そんなことを考えています。

自分の本を買ってくれたり、おもしろいと言ってくれたり、いろんな仕事に声をかけてくれたり困っている時に助けてくれる人がいます。

そんな時、自分の人生は人に活かされてるんだとすごく実感するのです。

自分が生の火を灯っていられるのはいろんな人の生が灯してくれているからなのだ。

そんな風に、8月は生と死について考えてしまうのです。

一生懸命、一所懸命、一社懸命、一緒懸命。

すごく大事なことだけど、そんなに一々に命を懸けるほどの命の分量は人（自分）にはそもそもない。1人の1つの命の中でやれることは限られているのです。

なので今日という1日は他の多のために命を懸けるのではなく、自分の命のために今日という日を懸ける。

闇と光について考える。暗い世界から明るい世界は見えるけど、明るい世界から暗い世界は見えない。難解さと平易さについて考える。わかりにくさを理解できるとわかりやすさも見えてくるけど、わかりやすさばかりを追うとわかりにくさは見えなくなってしまう。

自分がわからない世界をどう見るか？

ある日のトークイベントにたくさんの方々が来てくれた。終演後おもしろかったと言ってくれた。拙著も順調に売れている。新しい原稿依頼も来た。タクシーの運転手さんと雑談で盛り上がった。新幹線の後ろの席がいい人だった。飯が旨い。自分の生はそんな世間で活かされてるのだ。

感謝しかありません。お金儲けを考えるといろいろ無理をしてしまう。成功や採算や効率に縛られて、すると自分も結果イライラする。

でも今はお金は考えずにやりたいことだけ、やれるだけやるようにしている。

するとその私のやりたいことに呼応してくれたり応援してくれたりする人がいて、結果お金も回ってきて、生きていける。結果、自分が生きていくのに必要なことは、自分がやりたいことと自分でもやれることの組み合わせ。

それ以外をやると結果やれないか、やれても病むか。

つまりそれだとやってる意味もない。自分がやれることを真摯にやる。

その真摯さが他者に伝わった時だけ、その他者と幸運の神様がご褒美をくれるのかもしれません。

部屋の灯《あか》りをすーっと消して

私たちが明るい部屋の窓から、暗い闇の外を見ると、何も見えません。

部屋の灯りの明るさが外の宵闇の暗さの邪魔をするからです。暗がりを見るには、自分たちの部屋の灯りをすーっと消して、自分たち側の世界を暗くしなければいけません。部屋の電気を消して、窓から暗い外を静かに眺めると、やがて宵闇の外の景色に目が慣れ、そのうちに微かな灯りが見えてきます。宵闇の中に実はいろんな世界の様子が見えてきます。

一方で、外の宵闇を歩いていると、建物の窓の灯りの輝きは、すぐに目に飛び込んできます。建物の中の明るい部屋は外からはっきりと見えるのです。私たちは窓を通して暗い外から明るい部屋を覗かれたくなければ、カーテンや扉で遮蔽して、灯りを外に漏らさないようにするでしょう。

つまり暗い世界と明るい世界を行き来する出入り口が〝窓〟なのです。

そもそも日本の古い考え方では、この世界は明るい顕世（現世）と暗い幽冥（ゆうめい）に分かれていました。私たち人間は普段は明るい現世にいるのですが、妖怪やお化け、亡くなった人の御魂は暗い幽冥に存在しているのです。

だから、明るい場所にいる私たちからは普段は幽霊やお化けは見えないのです。

一方で、幽霊やお化けからは、私たちはいつも見られています。

私がテレビのバラエティ番組をつくっている時は、そんな闇の世界の暗い場所の微かな灯りを、お茶の間の明るい世界に届けたいと密かに思ってつくっていました。まさにテレビ画面のフレームが世界の窓のフレームになって、現世の私たちが幽冥な世界をその窓＝テレビから密かに覗き込む。そこにはもしかしたらおどろおどろしい妖怪が潜んでいて目を背けたくなるかもしれないし、肝が冷えるような幽霊が棲んでいてドキドキしてしまうかもしれません。

そんな世界は、ちょっと覗くのが怖いような、知ってしまうことを恐れてしまうような世界かもしれません。でもそんな闇の世界が確かに存在していると知ってみることこそ、私たちがこの世に生を受けた存在意味なんだとも思うのです。

だけど、最近の現実世界=現世は、明るすぎてとても窮屈な気がします。どんどんこの世界は灯りの照度を上げて、どんどん闇に灯りを投影させて、何かを照らし出そう、あぶり出そうとしている気がしてならないのです。あるいは、そんな闇の暗さと明るい世界を遮断するように、その窓を遮蔽物《しゃへいぶつ》で遮断して、「そんな〝闇世界〟とは我々は無関係ですよ」と窓から世界を覗けないようにしているのかもしれません。

でも私たちが、もし自分の外側の世界の真実を知りたいのならば、実は灯りの照度を上げて明るく照らし出そうとするのではなく、実は自分たちの住む灯りの照度を下げて、世界の仄暗さに目を慣らす必要があるのではないでしょうか。

自分たちの目がその暗闇に次第に慣れてくると、きっと見えてくるものがあります。それは見たくないものかもだけど、もしかしたら存在を知りたくないものがあるかもしれないけれど、それを、はなから無きものとして無感心で生きるのは、私はとても嫌なのです。それは、世界をつなげる窓を閉じることを意味します。

窓を開けて、自分の部屋の灯りを消して、外の世界の闇をそーっと覗いてみる。

その時、見えてくる灯りこそが、本当の世界なんだと思うのです。

自分の世界の灯りが明るすぎると外の世界の暗い灯りが窓から見えなくなってしまいます。

その仄暗い灯りが実は大切なんだと思います。

ちょっと自分の部屋の灯りを消して、時には外の闇の世界を窓から覗いてみるのもいいかもしれません。何かが見えてくると思うのです。

第6章

教養としての人生

自分の人生を、皆さんはどう捉えていますか？

幸せとは何か？愛とは何か？学問とは何か？仕事とは何か？お金とは何か？

それこそ、人により千差万別です。でも振り返ってみると、現在50歳を超えた私と、若い頃の自分とは、人生の大切なことはだいぶ異なっているのは確かです。

そんな私が皆さんに本書で言いたいのは、教養とは、結局、自分の人生をどう捉えるか？というために必要だということです。

逆に言えば、自分の人生を思考しなければ、教養することにはならないのです。

何となく、世界のあらゆる事象が、自分の日常と遠ければ遠いほど、自分とは関係ないものと捉えてしまいがちになりませんか？

私は、特に若い頃はそうでした。自分が世界の中で感じる疎外感、その理由を多分に自分の外側に求めていました。そして外側とうまくやれない自分に、むしろ内側で自己嫌悪を感じてしまい落ち込みがちでした。外側の要求に適応できない自分。

相手が悪い、学校が悪い、会社が悪い、社会が悪い、日本が悪い、世界が悪い、と。そして巡り巡って自分が悪いと、自分に跳ね返ってきます。でも、その自分の外側がそう見えるのは、自分自身がそう見ているからだと、ある時気づいたのです。

いや、正確に言えば、自分の外側が悪いと、今でも思いがちなので、むしろ、そう思わないように逆算で日々心がけるようにしているわけです。それが私の日々の「人生思考」です。どういうことかというと、自分の人生をまずは大切にすること。

→そのためには、自分を嫌いにならないこと。

→そのためには、自分の外側に疎外感を感じないこと。

→そのためには、自分の外側を大切にすること。

と、自己嫌悪にならないために、自己嫌悪に向かうプロセスを逆向きに進んで、むしろ自分の外側を好意的な視点で見ることから始めてみる（努力をする）ということなのです。そんな風に、自分の人生を起点に、自分の外側のヒト・モノ・コトを好意的に捉えることから始める、それが私の日々の〝教養する〟です。

そして、そう考えるようになってから、もっといろんなことを学んでみたい・学び直してみたいというパッションが生じてきて20代から40代までずーっと仕事一筋だった自分は、49歳の歳で東京大学の大学院に再び入学することになったのでした。今、学び直し、リスキリングが叫ばれていますが、それは外部に強要されるからやるのではなく、自分から教養していく日々の営みのことなのです。

そして。そこから毎日を始めてみるのが、人生思考です。

この章では、50代の私が、日々心がけている、教養としての自分の人生の捉え方＝人生思考を紹介していきます。仕事と学業、自分と仲間、思考と行動、たくさんの些事で溢れている日常で、日々どう教養していくか？　あくまで私のケースですが、読者の皆さんの教養に役立っていただければ幸いです。

それでは、日々教養することで人生を楽しんでみましょう！

6-1

Cultivating
The World

歳を重ねることで、想いは流転する

選ばないという心地よさ

50代を生きること

例えば好きなアーティストの好きな曲を何回も聴いていると、ミュージックビデオ（MV）をつくってみたくなります。若い頃はいつもそう思っていました。そんな想いからテレビの世界に入ったのかもしれません。

しかし、歳を取ったらMVをつくらなくても、自分の想いを何かの映像で表現すれば、いつの間にか好きな曲への感情が血肉になって自動的に表出することも知りました。

自分の脳内は、そんなふうに自分が通過してきたさまざまなヒト・モノ・コトとの出会いで成り立っているのです。

そしてそんな中で、想いは流転するのです。

昔好きだったモノが嫌いになったり、また好きになったり。

若い頃は否定していた他人の考え方ややり方も、今ではその意味が理解できたり。

稚拙だと思っていたモノが深く感じられ、深いと感じてたモノの意外な浅さに気づき、魅力は半減も累乗も起こすのです。

今ダメでも未来はいいかもしれない。今好きでも未来はそんなにでもないかもしれない。

なので好きな曲を聴いている今その瞬間の自分の気持ちで、何かの作品を無性につくりたいんだと。その曲をいいと思った自分の想いの残骸を残すように。

その曲の熱さも凄さも拙さも、その曲へのすべての想いが表出するような映像を。

現在50代の自分は、改めて自分の人生が半世紀過ぎて、いろんな想いが流転していることを実感します。

20世紀末の若い時分の自分は時代に憧れて、その時代に付いて行きたいと思っていました。

それから21世紀になって、自分で自分こそが時代をつくりたいって願望に変化しました。

そして50代を迎えた令和の今は、自分が時代に縛られたくないと思っています。

時代に自分が縛られると、無理に自分を時代に合わせている気がして、なんだかとても窮屈なのです。

だからって、時代をつくるって(つくれるかどうかはともかく)、やっぱりその時代の感覚にまずは敏感にならなくちゃいけないわけで、それはなんだかとても疲れたりします。

では、時代に憧れるって段階までに自分が戻れるかというと、やっぱり憧れる対象の事物が、今の時代に、何を見ても、何を体験しても、ほとんど見当たらないのです。

うーん、やはり自分が歳取っただけなのかなあ。自分の感受性が摩耗しちゃったのかなあ。なんて、思ったりもしますが。でも、過去の時代から今の時代に残っているものは、何を見ても、何を体験しても、やはりドキドキするんですよね。

これって、どういうことなのでしょうか？

この自分の中の変化って、自分の加齢ってことかもしれないけど、でも、今の時代の魅力自体がどんどん失われてきているからな気もするのです。

漱石から鷗外へ

最初に思っていた自分の変化は、自分が49歳から50歳になることの心境の変化でした。私はある年齢になると、その年齢の過去の偉人たちは何をその年齢でやっていたんだろう？といつも思いを馳せます。

49歳というとこの歳で亡くなったのが、まずは数え年49歳で亡くなった織田信長がいます。「人生五十年下天の内をくらぶれば夢幻の如くなり」という幸若舞の敦盛を好んだといわれる信長が、まさにその50歳目前でなくなるというのは時の因果を感じます。

そして、西郷隆盛。彼も49歳になる歳に西南戦争に敗れて自害しています。西郷どんは、だいぶ自分よりおじさんってイメージだったのですが、そんな西郷どんの年齢を超えてしまうとは、なんて自分の人生は平々凡々なんだって思うわけです。

そして、夏目漱石。彼も49歳で亡くなっています。漱石に至っては、彼が『吾輩は猫である』を執筆して作家業を始めるのはなんと38歳。

てことは彼の数々の名作はわずか10年余りの間に生み出されているのです。なんか、そんな話を聞くと、自分の無力さにクラクラします。

そんな信長、西郷どん、漱石は、なんと40代で生を終えているのです。この事実を確認した時、「そうか、ほんとうに自分の人生なんてたいしたことないんだな」って実感するわけです。

いや、もともと大した人物だなんて当然思っていないですよ！　でもやっぱり、この世に生を与えられた以上、なんていうかヒトカドの人間にはなりたいなとか思って生きてきたわけですけど、でもそれが20代、30代、40代とそのヒトカド感が、だんだん鈍化していくというか小さくなっていくというか、結果50代を迎えて、もうヒトカドの人間じゃなくていいや！　無理しなくていいや……と、まあそんな気持ちをもった50代でした。

そんな中、50代を迎える時に、森鴎外を再読したのです。それは50歳の誕生日の8月17日の翌々日、父は亡くなったのですが、その同日8月19日に亡くなられた劇作家の山崎正和さんの名著『鴎外闘う家長』を手に取ったからなのでした。ちなみにこの『鴎外闘う家長』は高校時代に通っていた市進予備校の国語の先生が絶賛していて購入していたと記憶しています。そこから読まずじまいなので33年かけて、その夏に読了したのでした。ふと読もうと思ったのは多分自分の中で、父の闘病と、闘う家長という言葉が共鳴したからだと思うのですが。

そしてこの本はむしろ今の時代に今の年齢の私が読むべきものだったのかもしれません。なぜなら、生きる意味（無意味）、家族の意味、文章を書く意味、そんな多くの意味に気づかされたからなのです。

「歴史小説であれ現代小説であれ、彼がかねて小説の人物に求めていたものは、この世界に関わるための具体的な処方箋であった。十年のあいだにいくつもの処方箋を次々に書いては破って来たあげく、ついに彼は作中人物にそういうものを求めることに疲れ切ったのかもしれない。「渋江抽斎」にいたって主人公の抽斎は、純粋に作者の似顔絵であること以外の何ものも期待されてはいない。もはや鴎外は抽斎にいかに生きるかを聞こうとはせず、自分に似た抽斎が歴史のなかで確かに生きたと言う事実だけを確認しようとしているように見える。」（山崎 正和『鴎外闘う家長』新潮文庫）

そして、読んでみるとわかったことがあるのです。彼が28歳の時に発表した『舞姫』が有名な鴎外ですが、彼の傑作と言われるのは晩年に書かれた『渋江抽斎』を頂点とする歴史小説の数々であって、なんとそれを書き始めるのは、軍医をしながら小説を書くことに疲れた40代後半の数年の空白ののちに、まさに49歳から書き始めて行き着いた彼の文学作品の境地でのことだったのです。

この『渋江抽斎』も大学時代の西洋史学の指導教官が「すばらしい！」と絶賛していて、その当時20歳過ぎの自分が読んでみても、渋江抽斎という幕末の医師の日々の出来事が淡々と綴られているだけで、若い時分には全くおもしろさがわからなかったのですが、数年前の40代半ばに読んでみて、スッとその作品の本当の素晴らしさが理解できた代物なのです。

つまり、49歳で、その境地に行き着いた鴎外は亡くなる60歳までの10年をその歴史小説に捧げたわけなのでした。

それを知ったちょうど49歳を終える私は、これは自分の中で、49歳で亡くなった漱石から49歳で新たな境地を旅する鴎外へと、自分の思考も変わるタイミングなんだって理解したのでした。

選ばないという心地よさ

そんな50歳を迎えた私は、心境の変化を日々ＳＮＳで呟いていました。例えば、自分のかなしさやわびしさを、せつなさやねたみややるせなさを、いかりやきしみやいきどおりを、他人のせいにするなよ。それは原因が外にあるとしても、自分自身の内で起こり、自分自身の中ではぐくんだ想いなのだから。だから自分自身の中で、自分自身が始末をつけるしかないのだよ。（２０２０／７／23 Twitterより）

昔はよかったなってときどき想う。それは昔が今より本当に良かったからなのか？自分が老いたからなのか？思い出を美化してしまうからなのか？世界は幼稚になったなってときどき想う。それは世界が本当に幼稚になったからなのか？自分が老いたからなのか？過去を忘れてしまうからなのか？（２０２０／８／２ Twitterより）

自分は長年人にとって強さよりも弱さこそ大切なモノなのだと信じて生きてきた。でも今夜ふと「弱さとは強さを求めること」であり「強さとは弱さから逃げないこと」だとわかった。だとするとこれからの自分はその強さこそを大切にしなくては生きていけないのだ。葉月満月に誓う。（２０２０／８／４ ｎｏｔｅより）

「選ばないという心地よさ」

今日話したこと。最近なんか嫌いな人がいなくなった。どんな人でも所詮ちっぽけな存在で大したことなどない人生なのだ。自分が生きるためにやってることがつい相手を傷つけたりなんてよくある。結局それが無くなることはない。そう思うと誰かに嫌なことされたりしたりは結局大概お互いさまなのだ。同じ意味で、なんか好きな人もいなくなった。

　天才も天才と呼ばれる人も憧れの人も綺麗な人もカッコいい人も多かれ少なかれ大して違わない気がする。わざわざ会いたいとも思わないし出会いたいとも思わない。

　たまたま出会った人とたまたま出会ったという運命にこそ実は人生の深意があるような気がする。自分のとこに来たモノコトはやる。来ないモノコトは求めない。選択は自分ではしない。要求も別にない。それでうまくいけば楽しいし、うまくいかないなら別にすーっとやめればいいのだ。そうやって生きてたら好きなことばっかやっててていいですねって言われる機会が増えた。別に選んで無いんだけどな。（ｎｏｔｅ第２８５段「選ばないという心地よさ」２０２０／９／１より）

選ばないという心地よさ、それが私の50代の所信表明です。

6-2

Cultivating
The World

人は夜に死に、朝に生まれる

新しい人間　New Human

ノスタルジアと疎外感

さみしさとは何か？

夜には死にたくなるのに、朝には生まれ変わる。

私が50歳を超えて、そう思った経緯を時系列を追って書き記そうと思います。

別にさみしいことがあったわけでもないのですが、それなのにさみしいと思うのは一体なぜなんだろう？……そんな感覚を自問自答していたところ、結局のところは自分がどんどん死に向かって近づいているからだと思ったのでした。

いや、これも具体的に死に近づくと感じた原因があるわけでもないのですが、でもそれはまあ生きとし生ける者、全員が必ず死ぬわけですから、間違ってはいませんよね。そしてだんだん寿命というのに近づいていってるわけですから、そう思う〝死への想い〟が重くなっていくのは致し方ないことなんだと思うわけです。

なので、気を取り直して(笑)、そのさみしさは何なのだろう? と考えました。

そして私はそれがノスタルジアだと気づいたのでした。ノスタルジア、それは過ぎ去った時間や場所や記憶を懐かしむ気持ちですよね。多分自分は、あらゆる時間や場所や記憶への執着が強いんだと思うのです。要はたいしたことないのに懐かしむ。感受性が豊かと言えば聞こえがいいですが、感傷的すぎるんだと思うのです、何に対しても。

で、そう思った時に、どうせ死ぬんだから、さみしがっている場合じゃない! ってだんだん思うようになってきました。さみしがろうとなかろうとどうせ時間は経っちゃうのですから、そんなさみしい気持ちで時間を過ごすよりも、その時間を楽しい気持ちで過ごした方がはるかにいいんだ! ってそう気持ちの波が底をついて、上を向いてきたのです。いや、正確に言えば気持ちの波が底をついて、今から上に向かうんだって、あえて自分で思うように努めようと思ったのです。

そしてこれからの目標として、まずはノスタルジアと決別しようと思いました。決別ってほど大仰でなくても、少なくともいちいち懐かしがらない……そんな想いを持ったまま数日経ちました。

一方で、ある日、知人と他愛もない話をしていて、ちょうどその頃発売されたアジカンのニューアルバムが『ホームタウン』という名称なので、自分のホームタウンはどこか? という話になりました。知人は、それこそ出身地や現在住んでいる街だけでなく、以前住んだ場所や、なんなら今まで訪れてよかった街も自分のホームタウンであると言っていました。

翻って自分はというと、自分の出生地も、今住んでいる街も、訪れて気に入った場所も、なんていうか全然ホームタウンという気持ちが持てないのです。常に他者であるというか、異邦人であるというか。その街にいても、自分はその街の住民なんだっていうコミット感をなぜか持てないのです。むしろ疎外感の方を多く感じているかもしれません。

そしてそれは、ホームタウンという場所の話だけでなく、自分が加わった組織などにも同様なことを感じてしまうのです。例えば自分が在籍した学校だったり、かつて勤務した会社だったり、そういうものに自分があまり忠誠心や団結心を持てないのは、そこにホーム感を持てないからなんだと思うのです。

別に嫌いではないです。いや、むしろ好きです。

でもそんな組織の中の一員としての自分というより、組織の外の自分としての敵愾心、ホーム感ではなくアウェイ感をいつもいつも持ち続けてしまうのです。

で、そう思った時に、さきほどのノスタルジアを感じすぎてしまう自分との齟齬に気づいてしまいました。


いつも疎外感を感じてしまうタイプなのに、なぜノスタルジアに溢れてしまうのか？

もしかしたら、すぐ疎外感を感じてしまうからこそ、ちょっとでも愛着を感じてしまった人やモノにノスタルジアを過剰に感じてしまうのかもしれませんが……要はかなり面倒くさい人間なわけです。

人間の究極の問い

そんな想いを抱いて、新たに気持ちも切り替えて、ノスタルジアと決別し、あまり疎外感も持たず、まあ生きていってみようととりあえず思い直してみたわけです。

私はこうｎｏｔｅに書きました。

無名でもこの人の才能はすごいな！　この人の作品はすごいなって人は（自分のプロデューサー経験的には）実は結構存在する。

でもその人が羽ばたけないのは多分に才能以外の人間性や社会性や考え方や行動等でどこか欠けてるところがあったりして、結果的に運を掴むチャンスを逃してるからだと思う。

例えチャンスが巡って来ることでも、それが嫌なことなら決してやらなくてもいい。

だけどそんなに嫌じゃないことなら、億劫がらずに嫌悪せずに食わず嫌いせずにやった方が絶対いい。

少なくともチャンスが巡ってくる確率がぐんと増えるからだ。

何でも成功してる人はその塩梅を知ってるんだと思う。

ということで7月になりました。今年も後半戦スタート。

自分がやれることとやりたいことややるべきことを、自分でやれるだけやれる方法でやりたいだけやる。

内側の信念は曲げずに外側の環境と折り合いをつける。
日々を丁寧に、ヒトモノコトとの出会いを大切に。
字は丁寧に書いて、ご飯はゆっくり食す。（ｎｏｔｅ第１６９段「２０１９年後半戦」２０１９／７／１より）

そうしたらですね。

この日の夕方にあった、私が現在通っている東大大学院のある授業で、私のノスタルジアと疎外感の意味を期せずして知ることになったのです。

その授業は『世界文学講義』。担当の沼野充義教授はスラブ文学者で日本の文芸評論の第一人者です。世界文学とは何か？　ということを毎回題材にして、いろいろなことを教えてくださる授業なのです。

この日の授業テーマは、「亡命と多言語―越境からディアスポラへ」でした。

亡命者、それはさまざまな理由で自分の祖国に住めなくなり、外国に住まざるをえない人のことで、優れた世界文学者ではそういう人は多いです。例えば『ロリータ』を書いたウラジミール・ナボコフ。彼はロシアに住めなくなり、イギリス、フランス、アメリカ、スイスと転々とします。そんな亡命文学者はなぜ素晴らしい文学を残すのか？……そんな問いを探求する講義でした。

沼野教授は語ります。そもそも人間にとって最大の問いとは何か？と。

それは、「私たちはどこから来て、どこへ行くのか？」それが、まさに究極の問いなのだと（私も）思います。つまり自分の〝起源〟と〝終末〟です。

それは誕生と死ですね。私たちはその誕生と死の間を生きることになります。

つまり、〝まだ存在しない〟と〝もう存在しない〟の間に〝生〟があるのです。

そして誕生も死も、自分の目で見ることはできません。そしてそれは1回しか経験できず、その練習も反省も再挑戦もできないのです。私たちは、そんな1回限りの人生を生きているのです。

では、亡命とはなんでしょうか？

亡命とは、そんな人生の比喩になっているのです。

なぜか？

亡命者は故郷を離れ、新天地を目指します。しかしその新天地は絶対ユートピアではありません。なぜならその亡命者にとって最大のユートピアは実は〝故郷〟だからです。でも亡命者は二度と故郷には戻れません。究極の目的地＝ユートピアには決してたどり着けないで、延々とさまよい続けるのです。

つまり故郷とは誕生＝〝まだ存在しない〟の比喩であり、新天地は死＝〝もう存在しない〟の比喩なのであって、亡命者の生き方とは、人生を二重の意味で経験していることになるのです。
だから、亡命文学者の文学は、人間の真の問いにより近づけるのではないか？
こう沼野教授は教えてくださったのでした。

私は越境する

そして沼野教授は、中世の神学者、フランスのサン・ヴィクトル修道院長だったフーゴーの言葉を引用します。

「故郷を甘美に思う者はまだ嘴の黄色い未熟者である。
あらゆる場所を故郷に感じられる者は、すでにかなりの力をたくわえた者である。
だが、全世界を異郷に思う者こそ、完璧な人間である。」

私は、この言葉を聞いて唖然としてしまいました。
そしてその意味に気づいた時に、
私が何をやりたいのか？ どうしたいのか？ どうなりたいのか？
なぜノスタルジアを感じすぎるのか？
なぜ疎外感を感じすぎるのか？

そんないろいろな想いへの問いの意味がわかったのでした。

私は、この国にいながら、亡命者なのだ。

いや実際は亡命者ではないけれど、亡命者になりたいと（無意識で）思っていたのだと。

フーゴーの言葉を借りれば、「全世界を異郷に思う完璧な人間になりたい」のだと。

でも、そんな書くのも大胆すぎて恥ずかしい想いは、はっきり言って大げさです。だって別に私は誰に迫害されているわけではないし、少なくとも日本から追い出される境遇でもありません。つまり亡命者にはなれません。

でも無意識では、自分の〝まだ存在しない〟故郷にノスタルジアを感じ、〝もう存在しない〟新天地を夢見ながら、その〝間〟を生きる自分は、世間に疎外感をだからいつもずっと感じているんだとも思うのです。

そして、沼野教授は続けます。現在の日本において、実際〝亡命〟している人はなかなかいない。でも、それを好奇心と探究心で目指す文学者はいる。それが村上春樹であり、多和田葉子なのである。彼らは、文化と言語を超えて、生きている、と。

つまり、人間の究極の問いを探りたいならば、越境すべきだ、と。

越境。英語で言うとcross border。

私は、越境したいんだと思うのです。

そして、人間の究極の問いを探りたいんだと思うのです。

できるかどうかはわからないけれど、できるだけその問いに近づきたいのです。

よくTwitterやｎｏｔｅで書いているのですが、「日本人をやめて地球人になる」と思っていますし、そう思ったからＴＢＳを２０１６年に辞めたのだし、いつかはヨーロッパに住みたいと(本気で)思っています。

それは、一体なぜなんだろう?……って考えたことがあります。なんていうか、憧れの海外に住みたい! 窮屈な日本からおさらばしたい!……って安直な想いではないのだ(とずっと自分では思ってはいます)。

でも、「じゃあ、なぜか?」と他人に問われれば、明確な答えが自分には今までは見出せてはいなかったのです。

でも、今では、言えます。私は、越境したいんだと。

なので、そのための準備をします。

いや、今までも漠然とはやっていましたが、今、はっきりと、自分の生き方の道筋がようやく見えたようです。

自分がやれることや、やりたいことや、やるべきことを、自分でやれるだけ、やれる方法で、やりたいだけやる。

自分が50代になって、そう生きようと強く思うのです。

6-3

Cultivating
The World

左翼でもなく、右翼でもなく、回転翼で、飛ぶ

ドローンライフ

星座を繋ぐ

自分は不偏不党だと思っているので、右翼right wingですか？　左翼left wingですか？　と聞かれたのなら、回転翼rotary wingだと答えるようにしている。

ぐるぐる渦を生み出して、螺旋helicoに上昇する感覚。

まさに、そんなドローンのような感じで、時間と空間を移動する感覚。

宇宙空間に別々に輝く星々を地球から見たらある星座の形につながったりする。

その星々にどういう繋がりが見えるかは結局その人の視点と想像力次第。だから会社の組織しか考えてない人には人間同士が組織図という形の星座でしか見えなかったりする。人間を上下関係でしか見ない人には、その上下関係でしか星座が繋がらない。

自分の視点を変えることで違う形の星座が見える。

自分の想像力を使うことで新たな形の星座が発見される。

結局人生って、自分の周りの別々の星々に、自分の視点からどういう星座を見つけるか？自分の視点を動かしてどういう新たな星座をつなげるか？が大切だし、それがおもしろいんだと思う。すでに他人が見えている画を見ることよりも、まだ見えてない画を自分で見つけること。見えない絵を描いて見ること。

長年バンドとかコンビとか劇団とか一緒にやっている人間関係を持っている人になんか憧れる。私にはそれがないので。同僚とか友情とかチームとかを超えての独特の心情と信用を互いが持ち続けている関係。そんな人たちをはたから見ていると酸いも甘いもあるのは当然で、それを受け入れているｏｒ超越してる感じ。それってその人たちの位置からだけ見えるその人たちの星座なのだろう。

ある人が大好きなものが素晴らしいとそれだけで（その人自身の言動の好き嫌い関係なく）その人に一目置いてしまう。例えば『タイタンの妖女』が好きで事務所にタイタンと名付けた爆笑問題太田光さんとか。先日、岡村靖幸さんがあまりに好きだって人なので、その人と一緒に仕事をすることに決めた。そこに、私は星座を見たのだよ。

他力本願から自力本願の世界へ

例えば、自分はあまり与党が好きではないけど、与党を推す人がいて与党が勝って得する人がいる構造はなんとなく理解できる。で、その構造自体にメスを入れることが野党だとなかなかできないことが、与党が勝ち続ける原因なんだけど、それへの対処が民主主義だとなかなか困難なことが、民主主義の難しさだと思う。

これ、政治だけでなく、経済でも、組織の中の人事とかでもそう。勝つ人がいて、負ける人がいて、勝ち馬に乗る人がいる。誰もが勝ち側にいたいし、負け側になることは極力避けたいから、勝つ側は勝つ人と勝ち馬に乗る人で構成される。なので負け側はそれを反転させること自体に困難さをはらんでいく。

いろんな人がいろんなことをいろんなレベルで問題だとあーだこーだ言う。

その問題がいろいろありすぎて、もはやいろんな人が実際にどうしていいかどう判断していいか、どう対処すればいいのか、すごくわからなくなっているような気がする。

誰の意見も多かれ少なかれ正しい気もするし間違っている気もする。

先生に聞いても見解が違うし専門家に聞いても意見が別れる。

きっとほとんどのことは実はどうすればいいかなんて誰もわからないのかもしれない。

でも誰もがカンや経験則で試行錯誤で何かを決めなくちゃいけないわけで、その決め方がわからないから迷うのだけど、何を選んでももはや大差がない気もする。

実はそんな状態は今に始まったことじゃなくはるか昔からそうだったんだろう。

でもそれが加持祈祷だったり、専門家の経験だったり、科学的な検証だったり、マスコミの報道だったり、勝者の論理だったりで、なんとか気持ちを補完して騙し騙し生きてきたのが人類なのだ。そして今やその補完＝次なる騙し方も見つからない状態なんだ。

そんな世界の中で、何が正解かを探し続ける人生ってのも、なんていうか虚しさを覚えてしまう。なんかこの世界の中で、別の生き方ってないのだろうか？……って結局、それも日々探し続けているのだけど。騙されて生きるってのはもちろん嫌だけど、何も信じられないってのもとても寂しい人生だ。

例えば今までなら本の著者は書くだけでよかった。

それを編集者が整えて出版社が宣伝して売れるなら売れるはずだった。

でも今は交通広告も新聞広告も効果が低くなっている。むしろどう売るかを著者自体が設計しなければ売れない。知名度か関係者かＳＮＳか。

でもその設計行為は、なんかやっていておもしろい。逆に言えば、今までは著者自体がデザイニングしたくてもできなかったのだ。それができるようになったことは、実は書籍だけでなく映像だって音楽だってイベントだってもしかしたら人生だって、その命運を自分で切り拓ける可能性が新たに生まれたともいえるのだ。

つまりあらゆる行為はプロデュースなのだ。

あとは、それをチャンスと捉えるか？　面倒くさいと捉えるか？

自分でやるか？　やらないで放置して運を天に任せるか？

それともお金使って従来通り代理店に代理させるか？　いずれにしても広告とＰＲの概念が激変したのは確実で、その変化でさらにどう産み出すか？

どうビジネスするか？　どう生きるか？

ここまで変わってきてるのだ。言ってみれば、他力本願から自力本願の世界へ。

ある作品という〝ある世界観〟をつくった人は、その世界観をこの現実世界に、自らが自らの力で種を植え付ける必要があるってことなのだ。そしてその種から芽が出るか出ないか、花が咲くか咲かないか、実がなるかならないかも、その人自体にかかっているのだ。

なんておもしろい世界じゃないか。

MobileでMinimumでManualな暮らし

ふと思ったことがあります。

全然知らない街に住んで、全然知らない人たちの中で、全然やったことのない仕事に就いて、今更ながらそんな感じで自分は果たして生きていくことはできるのだろうか？

でも、若い人はまさにそんな状態で仕事を始めるわけだ。そりゃ、苦労も多いわけだ、そこは大人たちが汲んであげないと。でも、いい歳した大人である自分として、むしろ歳食った大人だからこそ、そんな全然知らない街で、全然知らない人たちと、全然やったことない仕事とかやってみたいなとか、ふと思ってしまった。

自分にできるかできないか、その困難さも面倒くささも心細さも込み込みで。

多分それは、MobileでMinimumでManualな暮らし。
それには、どこまで自分の関係性の中の余剰と過剰と執着を削ぎ落とせるか？
というか、余剰と過剰と執着から、自分を解放してみたい欲求。

問題点の指摘過ぎ問題

問題点の指摘ばかりのつぶやきや意見を見ていると、その問題点の焦点が拡散されてその問題点がむしろピンぼけしてくる感じがします。というかそもそも自分の脳はそんなに問題ばかり扱っていられない、疲れるし嫌気が差すし、むしろ拒否りたくなるのです。

この世界は問題点が多いのか、問題点を指摘する問題が多いのか。情報がこれほど過多だと、どれだけその情報にアクセスしないかということも実は大切なリテラシーです。

生きるためにはその情報にアクセスしても過敏に反応しないっていう他人事的態度が必要で、つまり問題点の過剰指摘は結果それを増長してしまい、その問題点への無関心な人を増やすという矛盾をはらんでいます。

数年前、横浜でバンクシー展を見ていたら、近くにいた若いカップルの声が聞こえてきました。

「なんか、疲れたねー。」

そうなのです、見ていると私もとても疲れたのでした。その指摘され疲れが、問題点への忌避や逃避にならなければいいけど、と思ってしまった次第。バンクシーのどの作品も、素晴らしいだけに、心がえぐられるだけに、そう感じたのだと思うのです。

妖しい人になりたい

いかがわしいモノと崇高なモノって、それこそ人それぞれで尺度が違います。

なので誰かの崇高なモノをいかがわしいと否定したり、ディスったりというのは根本的にナンセンスなのです。そして自分と言えば最近、今までいかがわしくて忌避していたモノにとても惹かれたりしてしまう。逆に崇高に感じていたモノに嫌気が差したり。

人のオススメとかキャッチコピーとか「感動した」とか「号泣した」とかなら、むしろ見たくなかったりするし、「これ役に立つよ」「このやり方でやった方がいい」とか言われたら、むしろやりたくない。一方で、なんか妖しい怪しい奇しいモノコトをやってる人とか、どーしてそんなこと好き好んでわざわざしてるのってヒトを見ると、俄然興味が湧くのです。

自分が若い時分には、「なんでいい歳したオッサンなのにあんなにいかがわしいんだよ！」って感じていた妖しい人がたくさんいたけど、今いい歳してそんないかがわしさに惹かれてる自分を思うにつけ、人の価値観なんてコロッと変わるもんなんだと最近思い知っています。

多分、私も、皆さんも、周りの人の価値観に合わせる必要などそもそもないのです。

6-4

Cultivating
The World

幸せを求めないことが幸せ

脳内ドーパミンとアノミー的自殺

幸せとは何か？

イスラエルの歴史学者ユヴァル・ノア・ハラリのベストセラー『サピエンス全史』（河出書房新社）は読まれましたか？　分厚い上下巻で、買ってもなかなか読み進まないのではないでしょうか？　読み始めても上巻で止まってしまったり、なかなか下巻に進めなかったり。私も何年か前に何回かチャレンジしてようやく読み終わりました。そして気づいたことがあるのです。

この本の副題には、「文明の構造と人類の幸福」とあるのですが、おおまかに言って上巻で〈文明の構造〉、下巻が〈人類の幸福〉について書かれているのです。

そしてハラリは、結局以って人類の幸福とは脳内に分泌するドーパミンの量にかかっていると述べています。科学技術が進化してライフスタイルが快適になったとしても、一方でその現実世界に疎外感や不安感を脳内で抱いているようでは結局、人類は幸福になれないのだと。

また、フランスの社会学者デュルケムは19世紀末に『自殺論』の中で、急速な産業化による社会の規範体系の動揺が、個々人の欲求の無際限の肥大とそれによる苦痛を惹起して自殺が増えていくと分析し、それをアノミー的自殺と定義しています。

つまり、幸せをどんどん追求して頑張って生きドーパミンがばんばん分泌されても、次から次へと次なる幸せの追求に追われて、人はどんどん幸福でなくなっていくのです。

そのことを浄土真宗の僧侶で宗教学者の釈撤宗先生と対談した際にお伺いしたところ、「幸せを求めないことが、幸せ」とおっしゃっていました。

そのことを、自分的に考えてみました。

自分のところに、たまたまやってきたヒト・モノ・コトを深く考えずにただ受け入れる。

それをどう受けとめるか？

それにどうリアクションするか？

それからどう次に進むか？

うまくいく時はうまくいくし、うまくいかない時はうまくいかない。そう思っていると、なんとなくうまくいくことが多いのです。自分のところにやってきたヒト・モノ・コトは不幸だと思えば不幸になるし、チャンスだと思えばチャンスになる。それ自体に真意があるのではなく、どう受け入れるか？　どう受け止めるか？　が真意なのです。

そして、先に決めつけないことがあらゆる可能性を広げます。経験やカンに縛られると、それは結果偏見になり可能性が萎みます。若い頃は先手で行動していました。何事もタスク化して先回りして手を打とうとしていました。思考が行動より進みすぎていたのです。

最近、やっと後手で行動できてきました。主導権を相手に渡す。

言うべきことは相手に言ってもらう。相手がやりたいようにやってもらう。

すると何事も断然すいすい進んでいくのです。

自分の思考に凝り固まってそんなに進まないのより、すいすい進んでいく中で進むべき方向を自分の方へ自然に寄せていく感覚。行動から思考を拡げていく感覚。

つまり、うまくいくもいかないも結局自分次第。

幸せとは、結局自分次第だったのです。それに気づくことが、人生を教養することなのです。ここでは、この数年間に、そんな幸せを感じた私の個人的なある日のエピソードを４つ綴っています。

爪先を上げる意識を持つ

今日、左足を挫きました。今、イタイタ言いながらこの文章を書いてます。どうしたかというと、ツイートしましたが、うっ、赤坂で博報堂とＴＢＳの間で段差に気づかずに激しくコケた。痛い。大人になってからコケるとすごく痛い。これはなんかしらのバチか怨念かメタファーかマクトゥーブか不注意か寒かったからか雨で滑ったからかそれとも幸運の前兆か不運の身代わりか。いいことのきっかけと考えるようにする。（２０１９／11／26 Twitter より）

てことで、よくないことだと考えないようにしようとは、思いますが、左足の痛さが文章からひとしれずにじみ出てしまったらご了承ください（笑）。

でも、そう思うのにもわけあって、この11月はなかなか体調が芳しくなかたったのです。そもそも夏頃から左目に違和感を感じて、10月に眼科に行ったら白内障で、レザー手術をやり、なんとかいい感じになったと思ったら、ちょうど満月あたりから突如の偏頭痛に悩まされたのです。

で、さすがに脳なので心配で病院に行き、調べてもらったら異常はなく、そうなると、その頭痛の原因はつまりわからないわけです。肩こりかもしれないし、花粉かもしれないし、気圧かもしれないし、月の満ち欠けかもしれないし、心理的なストレスかもしれないからです。ちなみにこの頭痛で、なかなか創作的な作業は進まず、執筆原稿も遅れに遅れています。その謝罪のメールを編集者に先日送ったら、

「頭痛、大丈夫ですか？

つい、最近、頭痛の医師に聞いたのですが、
今年は、例年になく頭痛の患者さんが多いそうです。
台風、強い気圧の変化などが原因らしいですが。。
ご自愛ください。」

と返信が来ました。やはりそうなのか！ とも思った次第です。皆さんは体調いかがですか？

これって、地球環境の激変が、身体にも襲って来て、身体が適合できなくて軋んでいる頭痛なような気がします。

まあ、そんなこんなで、頭痛も気にしないようにし、気にしないようにしていると、軽減してきたような気もしてきて、さあ、やっと体調回復だ！ と思った矢先の、今日の左足捻挫です。ちなみにコケたこと、Facebookにも書いたら、年上の友人の女性からメッセが来ました。

友人「それいまからよくあるよ。爪先を上げて歩くよーにネッ」
角田「それ、今からというのは、季節？ それとも年齢？」
友人「年齢（ボソッと）」
角田「なるほど。気をつけます。（今、左足を捻ったようで痛いのです）」

友人「でもね、爪先を上げる意識持つだけでいろんなことが良くなるから！」

らしいです。でもこの爪先を上げる意識を持つ、すごく大事な感覚な気がします。それこそ、歩くことだけでなく、さまざまな激変や困難や人生に対処する時にも！　この新月で、気分も体調も切り替えて、令和元年の締めくくりを迎えたいものですね。

爪先を上げる意識を持って、皆さんもご自愛ください。

カフカとケラとオザケン

今、日曜日の夜に旅先にいる。で、夕飯を食べてひとり酔っ払ってる。すると、人生をつらつら考えてたりする。

一昨日の金曜日に横浜でケラリーノ・サンドロヴィッチさん作演の架空のカフカ第4の長編『ドクター・ホフマンのサナトリウム』を観てから、ずーっとカフカのことを考えている。

素晴らしい芝居だった。ケラさんの描きたい宇宙がカフカの人生に乗り移っていた。そのカフカの宇宙がどこまでが架空なのか現実なのかもはや分からなくなってしまった。

果たして、カフカの人生は幸せだったのだろうか？　とかとか、そんな想いが頭から離れない。いずれにしても作品を産み出している人ってのは本当すごい。

昨日の土曜日、旅先のホテルで大学院の宿題をやる。でも出来なかった。

ダメだ、明日締め切りの宿題ができない、どう書いて（答えて）いいかわからない。宿題がわからないって悩みを四半世紀くらいぶりに感じているアラフィフ。もう単位落とすしかないかなって悩みも四半世紀ぶりだ。

違うのは若い頃はえーい！って馬力でそれでも提出してた気がする。歳取るとその体力がない。結果、宿題ができないので、今日の日曜日の朝、提出を断念します、単位取得も観念します、誠に誠に残念です、と教官に謝罪メール。

で、宿題の代わりに、自分の執筆を進める。雨の日曜日。それもスマホでテトリスをやりながら、執筆内容を考察する。テーマは『メンタルローリングとパターンマッチング』。

自分の脳内レイヤーがどんどん混沌化していく。

部屋では、小沢健二さん『ＳＯ　ＫＡＫＫＯＩＩ　宇宙』を聴きまくっている。

〝彗星〟からの〝流動体について〟の流れがすごく好きで、〝アルペジオ〟の駒場の図書館で、自分も30年前の学生時代に駒場から渋谷まで歩いたのを憶い出す。で〝薫る〟を聞きながら、サブタイトルにあるような《労働と学業》に勤しむ30年後の自分。

でも、それが自分が生きているそのままの宇宙なのだ。

いずれにしても作品を産み出している人ってのは本当すごい。

11月もまもなく終わり、すると今年２０１９年もあと1月であっという間に終わるな。

今年は海外には行けなかった。会社辞めたらバシバシ海外行こうと思ってたのに、退社３年目でついに海外ゼロ。

まあ、大学院に行き始めたのと、会社を新しくつくったことも理由だけれど。

一方で、国内旅行はなんだかんだでよく行っている。

この旅先で、なんかこのあとの人生でやるべき産み出したい《労働と学業》が、朧げながら自分の脳内の宇宙にも彗星の如く、流動体の如く、すっと過ぎさった。

なんていうか、めちゃくちゃ論理的ではなくて辻褄のおかしい文章を圧倒的に書きたいって欲望と、めちゃくちゃ論理的であって完璧な素晴らしい論考を根源的に書きたいって願望が、脳内に同居してきてる。カッコ悪くてカッコよくて、綺麗で汚くて。そのどちらでもないのが無意味に思えてくるような。

来年は50歳だ。ＳＯ　ＫＡＫＫＯＩＩ　かどうかはともかく、来年、それをやろう、自分も産み出そう。

酔っているからか、旅先だからか、カフカとケラさんとオザケンのせいか、なんてまとまりのない文章。

身の程を知る

「身の程を知る」って言葉はネガティブなんだろうか？ポジティブなんだろうか？

なんか最近やっと自分の「身の程を知る」ことがようやくできた気がする、どっちの意味でも。それがネガだとしても身の程を知っちゃったからそんなに落ち込まないし、ポジだとしてもそんなに調子に乗らなくなった。
自分の大切なモノは必ずしも他人にとって大切なモノではない。他人の大事なコトが自分には些細なコトに思えることもある。だから個人個人の大事な大切なモノコトは、お互いに大切に大事にしてあげようと常に思い続けなきゃいけないんだ。

じゃないと大切な大事なモノコトはいつしか失われてしまう。

つまり「身の程を知る」ってことは、周りへの自分の中での劣等感や優越感からくる感情はあまり意味がないと知ることであって、それと同時に他人の優越感や劣等感からくる言動にいちいち自分が束縛されないってことなんじゃないかな。その比較対象から自分自身を解放すること。

例えば角田陽一郎の本を誰かがＳＮＳで感想書いてくれたり褒めてくれたりなんなら薦めてくれると、それだけでAmazonの売り上げランキングは確実に上がってる。

つまりそれは本に限ったことでなく、個人が体験したいろんなヒト・モノ・コトを他者に伝えるという発信行為が経済を廻す今や一番の動機なんだな。

これ、個人の感情の動機と全体の経済の動機が同期しているということだ。

それはマスメディアの宣伝力や口コミとかは遥か昔からあったこととはいえ、今やソーシャルメディアがバーチャルでしか知らない人同士の動機を同期させるから、つまり同士が同志になりやすいってことなんだな、良くも悪くも。

まあ、書いてて当たり前のことのようだけど、これ実際にどなたかが私の本をＳＮＳで呟いてくれた瞬間に、Amazonでランクが上がってるのを実際に体験すると、如実に体感するソーシャルメディア効果なんだな。

目的を持たないで生きる

月日の経つのはほんと早い。年々歳々実感します、というかむしろその速度はどんどん増していきます。そんな中で、ついつい日々にかまけてしまいますが、自分はやりたいことをやれているのか。やりたい人生をすごしているのかと省みてしまいます。

でも一方で、そんな日々省みてばかりだと、それこそ日々楽しくないまま月日が流れてしまうわけで、結局本末転倒な気がするなあとも思うわけです（笑）。つまり、そんなにあくせくタスクとかやりがいとか考えないでのほほーんと過ごしていてもいいような。まあ、のほほーんと過ごしているとそれこそ月日があっという間に過ぎていくわけですから、もうなんかごちゃごちゃしてきましたが、これでいいような気もするのです。

どう生きようがどっちで考えようがどうせ月日は過ぎていくのだと、最近ではなんかそんなに目的意識を持たないで生きていこうかなと考えている自分がいます。まあ、それも歳をとったからなんだろうなとは思うのですが、つまりバタバタしたって仕方がないなというのが現在の心境です。

6-5

Cultivating
The World

エンターテインメントの次にくるもの

ChatGPTの出現で、人間に残された仕事とは何か？

クリエイティブの本質

２０２３年になってから急速にOpenAI が開発した人工知能チャットボット、ChatGPTが巷の話題を席巻していますね。人工知能ＡＩが人間の知能を越えるタイミングというシンギュラリティのきっかけなんじゃないかともいわれています。バージョンアップもして、どんどんより人間らしい会話ができるようになり、さらに、むしろ人間だと見落としているようなアイデアや情報が掘り出されるという、アイデアのシンギュラリティになる可能性をはらんでいます。

私も先日、今執筆・構成中の出版予定の新刊のタイトルを編集者と会話していて、編集者の方がChatGPTに問いかけてみたのです。私としては初体験です。

編集者：テレビプロデューサーの人が、イノベーションを生む毎日の習慣についての本を書くんですが、どんなタイトルがいいですか？

ChatGPT：「日々創造力を刺激する習慣」、「イノベーションを生む毎日」、「創造的な生活様式」、「イノベーションへの誘い」などがいいタイトルかもしれません。

と返って来ました。なかなかいい感じですが、ちょっと硬いので、さらに編集者は投げかけると、

編集者：もうちょっとカジュアルなタイトルがいいです。

ChatGPT：「創造力のキッカケ：毎日のイノベーション習慣」、「アイデアを生み出す毎日の生活」、「創造力を引き出す毎日の習慣」、「イノベーションを手に入れる日常」などがいいかもしれません。

編集者：もっとキャッチーなタイトルでお願いします。

ChatGPT：「創造のエッセンス：毎日イノベーションする習慣」、「アイデアを生み出す日常全開」、「創造力満点の毎日」、「イノベーションのヒント：日常から学ぶ」などがキャッチーなタイトルになります。

とまあ、こんな具合で返って来ました。「創造力のキッカケ：毎日のイノベーション習慣」

なんて、かなりいいタイトルなんじゃないかと著者の自分でも思うわけです。

これ、ChatGPT、すごいな！ってのが初めて使ってみた私の所感です。

で、さらにすごいと思ったのは、編集者が続けて、

編集者：あと50個考えてください。

と問いかけると、こんな感じのタイトル案がChatGPTから実際に50個も出てきました。

このやりとりを見て、驚嘆しつつ、その律儀さに笑ってしまったのですが、そのあと冷静に考えてみて、元テレビマンのバラエティプロデューサーとしてだんだん末恐ろしくなってしまったのでした。

つまり、我々テレビマンは、日々番組を放送するにあたり、毎週毎週それこそ何を放送するか？どんな内容でやるか？というのを考えつづけるのが日常なわけなのです。

その会議にはプロデューサー、ディレクター、と一緒に放送作家さんを呼んで、諸々長時間議論するのですが、そんな折も事前に「今度の新企画のアイデア持ってきてください」とか「新しいタイトルのネーミング案10個考えて来てください」なんて、まさにChatGPTとやったやりとりみたいな宿題を出していたりするのです。その会議はなかなか決まらなかったり、議論が行ったり来たりで長時間に及ぶ結構大変な作業なのですが、それと同時に自分の想像から創造していくという、もっとも楽しい最高の知的快楽・創作行為の瞬間だったり

するのです。

例えば、私が担当していた『さんまのスーパーからくりTV』ではあらゆる企画が誕生しましたが、その際の企画検討での一番のポイントは、「どのような対象をその企画の登場者にするか？」でした。これには、〈一般人かタレントを使うか？〉〈一般人ならば、どのような人間を対象にするか？〉〈その登場者に何をさせるか？　或いは、何をされるか？〉という方向で企画が考えられるということです。例えば、

・高齢者に早押しクイズをさせる。→「ご長寿早押しクイズ」
・地方の家族に、都会にいる子どもにビデオレターを送る→「からくりビデオレター」
・英語のできない街の一般人に英語でインタビューをし、どんな珍回答が返ってくるかをウォッチング→「ファニエストイングリッシュ」
・女優・中村玉緒にさまざまな職業を挑戦させる→「玉緒が行く」

といった風に、どんな対象者に、どんなことをさせるか？　させられるか？　という具合に企画を詰めていきます。

実際何をさせるかという視点は、〈対象者がどんなゲームをどう行うか？〉というゲーム視点や、〈対象者がこんな状態におかれたら、どんな反応を示すか？〉といったシミュレーション視点で検討を重ねたりします。

そして、その企画を実際に行うかどうかは、プロデューサー、総合演出、担当ディレクター、担当作家などで数回のやりとりを行い、〝イケる〟と判断した場合、パイロット版を制作します（そのパイロット版がおもしろいと判断された場合は、そのまま放送に使用されることも多い）。逆に言えば、パイロット版でおもしろくないと判断され、ＯＡまでたどり着かずに消滅する企画もかなりの数になっていました。

しかし、こんなアイデアのやりとり自体＝番組の制作会議は、これからはChatGPTが肩代わりするのでしょうか？ というか、むしろ番組の構成会議自体が必要なくなっていくのでしょうか？

今まで、そんなにテックに詳しくない私なんかは、どんどん人工知能ＡＩが進むということは、何というか単純作業がどんどんオートメーション化してきた延長線上の進化なんだと高《たか》を括《くく》っていました。危険だったり、大変だったりする重労働をロボットが取って変わった、自動運転が発達したりしても、考えるという行為自体は、人間がしなければならないんだと、いや、考えるという行為自体は人間に残されている快楽のひとつなんだと。

けれど、そのアイデアを見つけ出す行為がChatGPTに取って代わられたりすると、創作を生業にする人は、あるいは生きがいにする人は、つまりクリエイターはこれから何をしていけばいいのでしょうか？

そんな漠然とした不安を抱えていた先日、ｎｏｔｅのＣＸＯで、ＴＨＥ ＧＵＩＬＤの代表・深津貴之さんがChatGPTについてｎｏｔｅのプロデューサー徳力基彦さんとYouTube

で解説されている『あなたの仕事が劇的に変わる!? チャットＡＩ使いこなし最前線』という動画をとても興味深く拝見したのです。

その動画によると、ChatGPT自体は、決して考えているわけではありません。今までのプログラミングと同様に、インプットされた大量の情報の中かから、まるでサイコロを振るようにランダムに組み合わせを出しながら、その中で大量のデータとデータを照合して、より最適化したマッチングをアウトプットしているわけです。なので、例えば「機動戦士」と問えば、「ガンダム」というマッチングが確率的に高く評価されてアウトプットされているわけです。

つまり冒頭のChatGPTが考えた私の新刊のタイトルで言うと、「創造力のキッカケ：毎日のイノベーション習慣」がいいタイトルだと感じたのは、今までどっかで目にした既存の書籍名と何となく確率的に似通っていたからなのでした。確かに某出版社が出すタイトルに似ているような気もします。私たちは新しいモノを求めているようで、全く新しいモノではなく、既視感を感じるものに、新規性の親近感をむしろ感じてしまうのかもしれません。さらに、そのYouTubeの中で、ｎｏｔｅのプロデューサー徳力基彦さんが質問をしたのです。

人類に最後まで残される仕事は何ですか？と。

すると深津さんは答えました。

「最終決定をする」こと。「責任をとる」こと。この2つなんですと。

つまり、ChatGPTがアイデアをどんどん出してきても、新刊のタイトルを50個アウトプットしたとしても、その中から、1個を最終決定するのは、人間にしかできないんだと。そして、そのタイトルで実際に本を出版して、売れるも売れないも、その結果の責任を取るのは、人間にしかできないんだと。

決定と責任、この人類に残された仕事を聞いて、私はハッとさせられたのでした。

番組制作において、決定をするのはディレクターの仕事で、責任を取るのがプロデューサーの仕事だからです。ディレクター directorとは、「指し示す」「方向づける」というdirectionをする人という意味です。つまり、さまざまなアイデアの中から、その収録で撮影するシーンを決め、そしてそのシーンの中であらゆる方向から撮影できる中から、カメラ位置を決め、カットを決めます。そしてそのカットを組み合わせて編集する際に、どの組み合わせが一番自分が表現したいストーリーを顕現しているかで決めていきます。

つまりあらゆる組み合わせの中から、最適なものを決めるのがディレクターの仕事なのです。

そしてプロデューサー producerとは、「生産する」「製造する」という意味のproduceをする人という意味です。つまりその生産物を生み出そうと決め、それを生み出せるようなスタッフと予算と環境を生み出し、周りとの調整をしながら完成までの責任をとり、そしてその成果物を世に送り出し、その結果の責任を取るのがプロデューサーの仕事なのです。

そう考えると、私が先ほど述べた『さんまのスーパーからくりTV』での番組制作の中で重要な要素である、その企画で行こうと〝決め〟、その企画のおもしろさの〝責任を取る〟という意味では、ChatGPTが介在する余地はありません。当然アドバイスはいただけるでしょうが、そのアドバイスを聞くも聞かないも、自分が「腹を括る」というクリエイティブネスの最重要な行為は人間が握っているのです。

「決定と責任」。これはとてもしんどい仕事です。しかしその分、創作の中では最大の醍醐味があります。そしてその決定と責任を行う過程の中で、さまざまな思考の組み合わせを行います。

ChatGPTはその組み合わせのパターンを、我々に多く出してくれるということなのでしょう。今まで人間だけだと見落としていた組み合わせの可能性を引き出してくれる。そしてその中で、人間は何を行うか？　何を生み出すか？　を決定し、その結果について責任をとる。言い換えれば、創作行為のその本質は変わらないのです。

そしてコロナ禍、戦争、環境破壊、そんな不確かな時代の中で、ChatGPTが進化し続けるということは、それは、人類の未来にとって（私のようなテレビマンにとってだけでなく、一人ひとりの人生の中での）、「決定と責任」をもっと意識しろ！　という時代の要請のようにも思えます。何気なく決めてきた、何となく周りに合わせてきた、責任逃れをしてきた、ということの人類の限界を啓示しているのかもしれません。

おわりに

「流転する想い」

最近、50歳を超えて、何かがわかりかけてきている気がするのです。その何かとは、何かのだいたいは、だいたいよくわからないということ。

いいも悪いも正しいも間違いも好きも嫌いもない。というかいいも悪いも正しいも間違いも好きも嫌いも流転するのです。

むしろいいって感覚を覚えると何でもいいってことになる感覚。とても不思議な感覚。その瞬間の稚拙さも不快さも悲しさも、それが存在しているということ自体がむしろ自分の存在証明なわけで。自分の存在が消えれば、その瞬間の稚拙さも不快さも悲しさも消えてなくなるわけで。

その想い自体が生きている自分なのです。

とすると、いいものだけを選びたくないとでもいうか。いいことだけをしたくないとでもいうか。流転する想いの中で、ブレていくあやふやな自分の中で、不確かで不透明な時代の中で、いつか消えてしまう自分が、その瞬間に出会ったものだけが真実とでもいうか。

「バカにする人はバカにされる」

人のことをバカにする奴に限って、そのバカにした人より大抵バカだ。そのレベルでよくバカって言えるなと思うんだけど、バカだから人のことをバカって言えるんだろうな。

自分に無自覚なバカが一番たちが悪い。

僕は聖人君子ではないバカなので、そんな風に人のことをバカというバカを心底軽蔑します。

人をバカにする奴は人にバカにされるし、人を排除する奴は人に排除されるし、人を排撃する奴は人に排撃される。全てはインタラクティブ（双方向）なんだと思うのです。

そんなバカな人たちに巻き込まれたくない。人生がもったいない。

バカスパイラルには本当に関わりたくないのです。

「自分次第の時代」

自分はここ15年、ずーっとスマートフォンをいじっています。

この状態はさすがにヤバいなとか思ったりもします。

でも、スマホがない時代に何をやっていたかというと、テレビをずーっと見てたし、新聞とかをずーっと読んでいたし、雑誌も何冊も買っていました。

つまり人は昔から常に情報の渦に飲み込まれていただけなのかもしれません。

そういう意味では本質的には変わっていなくて、デバイスが変わっただけ。

ネットに氾濫する情報の精度やダメさは、かつてのマスメディアと、今も昔も実は言われているほど変わらない気もしますし。

一方で変わったことと言えば、昔はただ情報を一方向にインプットだけをしていたけれど、今はスマホでアウトプットも同様にしています。

一方向から双方向interactiveになったって意味では、実はヤバくないような気もするのです。

つまり、情報の渦に巻き込まれた状態で、
さあ自分はその渦の中で溺れて溺死してしまうのか？
自分の意志で情報の渦を泳ぎ回るのか？
なんなら楽しむのか？
って結局は自分次第の時代なのかもしれない。
そして、それは結局いつの時代も、そうだったのです。
そして教養とは、その情報の渦をどう生きていくのか？
結局私は本書で一番伝えたかったのはこのことなんだと思うのです。

「変わる準備はできてる？」

いくら壁をつくっても、情報だって人だって秘密だって病原菌だって放射能だって、本質的に絶対的に遮断することは不可能。壁には亀裂が入るし人為的ミスもある。

つまり壁で完璧な外部との遮断を目指すのではなく、僕らはさまざまなモノの流入出を前提でシステムや社会や組織や身体を再構築すべきなのです。

荒野を歩け、Walk on the wild side って感覚。

いつからか無くしてしまっていた野性を取り戻したような感覚。

目の前にある世界を、それを自分が自分で掴む感覚。

自分の触覚で感じる感覚。

他人に知らされないで、自分で試行錯誤して自分でわかる感覚。

なんかそうした方が、単純にドキドキするのです。

そして、そのドキドキこそが教養なんだと思うのです。

いずれにしても変わるタイミングが到来してきているのです。

なんなら、日々教養しながら、一緒に変わりませんか？

変わる準備はできてる？

［著者略歴］
角田陽一郎（かくた・よういちろう）

バラエティプロデューサー／文化資源学研究者
1970年千葉県生まれ。東京大学文学部西洋史学科卒業後、1994年に東京放送（TBSテレビ）に入社。「さんまのスーパーからくりTV」「中居正広の金曜日のスマたちへ」「EXILE魂」「オトナの!」など、数多くのバラエティ番組を担当。 会社員の枠を超えて、映画監督やネット動画配信会社の設立、音楽フェスティバルの開催、アプリの制作、舞台演出、多種多様なメディアビジネスにも携わる。

2016年12月にTBS退社。現在は、テレビ番組のほか、YouTube動画、小説『APアシスタントプロデューサー』出版、メディアブランディングなど、さまざまな革新的アイデアを基にビジネスを創造し続けながら、2019年4月からは東京大学大学院人文社会系研究科文化資源学研究専攻文化経営学の学業にも打ち込んでいる。

主な著書に『最速で身につく世界史』『最速で身につく日本史』『人生が変わるすごい「地理」』『仕事人生あんちょこ辞典（加藤昌治・共著）』『出世のススメ』『「本音で話す」は武器になる』『運の技術』『13の未来地図 フレームなき時代の羅針盤』『「好きなことだけやって生きていく」という提案』『成功の神はネガティブな狩人に降臨する——バラエティ的企画術』『究極の人間関係分析学カテゴライズド』『オトナの！格言』などがある。

『角田陽一郎のメルマガDIVERSE』まぐまぐ！より新月と満月に配信中。

教養《きょうよう》としての教養《きょうよう》

2023年5月21日　初版発行

著　者　角田陽一郎

発行者　小早川幸一郎

発　行　株式会社クロスメディア・パブリッシング
〒151-0051 東京都渋谷区千駄ヶ谷4-20-3 東栄神宮外苑ビル
https://www.cm-publishing.co.jp
◎本の内容に関するお問い合わせ先：TEL（03）5413-3140／FAX（03）5413-3141

発　売　株式会社インプレス
〒101-0051 東京都千代田区神田神保町一丁目105番地
◎乱丁本・落丁本などのお問い合わせ先：FAX（03）6837-5023
service@impress.co.jp
※古書店で購入されたものについてはお取り替えできません

印刷・製本　中央精版印刷株式会社

 ISBN978-4-295-40833-8　C2034